道與桴

自由的代價・逃港者紀實

Dao and Rafter:

The Chronicle of Those Who Fled to Hong Kong for Freedom

黃子長 編著

By Wong Zichang

美國華憶出版社

Remembering Publishing. USA

Copyright © 2025 by Remembering Publishing, LLC. USA

ISBN: 978-1-68560-146-1 (Paperback)
978-1-68560-147-8 (eBook)
Remembering Publishing, LLC
RememPub@gmail.com

Dao and Rafter:
The Chronicle of Those Who Fled to Hong Kong for Freedom
By Wong Zichang

道與桴：自由的代價・逃港者紀實

黃子長 编著

出　　版： 美國華憶出版社
版　　次： 2025 年 1 月 第一版 第一次印刷
字　　數： 130 千字

All rights reserved.
No part of this book may be reproduced in any form or by any electronic or mechanical means, including information storage and retrieval systems, without permission in writing from the publisher. The only exception is by a reviewer, who may quote short excerpts in review.

作品內容受國際知識產權公約保護，版權所有，侵權必究

序 言

投奔怒海

黃子長

Give me liberty, or give me death! —Patrick Henry.

著名的歷史學家余英時說，在中國，我們的這個時代（1949–1979）是知識分子的"大流放"時代，包括勞改，下放和上山下鄉在內。

自古以來，中國的知識分子或官僚都有因政治歧見或者因言入罪而被朝廷流放邊疆的慣例。然而，在這個近代時期的中國被流放的階層範圍卻是史无前例的，就人數和規模而言，古今中外也是破紀錄的。連一般的中學生也被牽連在內，而且數目龐大得驚人，光是1968年開始的中學畢業生下鄉人數就達到1700萬人以上，幾乎牽連中國城市里的每一個家庭。其他年代的知識分子和黑五類分子的被遣送下鄉作所謂的勞動改造，五七幹校等等諸多名目實質上是變相流放形式的，人數也是以百萬計的。

嚴格地說，一般的初中高中學生是算不上知識分子的，只不過在文革之中，這批學生被行政手段中斷了學業並捲入政治鬥爭和造神運動，無知的中學生作為棋子，通過灌輸對領袖的盲目崇拜成為政爭的槍手。受到領袖的鼓動，紅衛兵中學生對他的政敵進行廣汎的攻擊，肆意破壞中華歷史悠長的優秀文化和寶貴文物，羞辱和殘害師長，讓優秀的有形無形的中華文化遭受了曠古未遇的毀滅性的破壞，事完了全體中學生再被行政命令流放（確切地說是"驅趕"。）到農村，邊漠和荒野去。這是和歷來流放知識分子完全不同的慘烈方式。後來產生了不知道多少的社會衝突和人間悲劇，學生這時候普遍深感被騙，他們不但被剝奪了升學的權利和自由就業的選擇，還像奴隸一樣被迫和被監管地參加嚴酷的農場和農村勞動，面臨政治高壓，被擺佈和前途無望。在這一社會背景下，造就了這個時期的中國邊境地區學生的大規模逃亡潮。

孔子曰："道不行，乘桴浮於海。"

這批青年學生，就是在這種政治高壓的社會環境下面，實踐了孔夫子的預言，在中國南方，不是從鯊魚出沒、波濤洶涌的大亞灣和後海灣海域冒死游泳前往香港，或從珠海中山一帶躲過無知而殘暴的邊防軍以及狼犬的追捕潛往澳門，就是駕一葉小木舟，躲過軍人和民兵的搜捕，冒著槍彈和驚濤駭浪衝出珠江海口前往香港的。這中間，有不知道多少人在翻山越嶺長途跋涉的途中傷亡，或死於軍警槍彈，或葬身魚腹。

可以說，廣東和香港接壤和沿海一帶是一堵東方的"柏林圍墻"，中國的青年們在做出東德嚮往自由的人們冒死翻越圍墻衝往西德的同樣壯舉，其規模、悲壯和付出的生命代價有過之而無不及。

40年后的今天，柏林圍墻已經頹然倒塌，阻隔神州大陸的鐵幕也不復存在；新上臺的統治階層唾棄了昔日的極端的方式，采取相對寬鬆的政策，換取了經濟上的大躍進。一如東歐社會主義同盟一夕之間的解體，促成這種急轉彎的變化，和這批熱血青年的壯舉是不無關係的。

所以，中國的歷史是不能夠把這一頁給忽略掉的。

本書的各位作者均是成功逃港的親歷者，講述的皆是當年的真實故事。

目　錄

序　言　投奔怒海　黃子長..................I

九一六　涂　斌..................1

逃　亡——生命的代價　志　佑..................27

生命有涯，自由無價　海　洋..................43

我是一隻小小鳥　細　民..................55

百折不撓，游向自由　老　潘..................67

勇者無懼　黃子長..................103

吾道不孤（之一）　黃子長..................114

吾道不孤（之二）　黃子長..................126

老卒不死　阿　何..................130

通往自由的火龍　口述：律強　記述整理：周継能...150

後　記..................178

九一六

涂 斌

　　一九七一年初，距我們被毛澤東"知識青年到農村去接受貧下中農的再教育，很有必要。"的一道"最高指示"，就被"下放"到廣東番禺靈山公社下坭生產大隊坳尾生產小隊去，已經接近三年時間。這三年之中，我們這批只有初、高中學歷所謂的知識青年，當年從城市被驅趕（我用驅趕這個詞，有些人可能不同意，但是，記得當年城中父母在車站、碼頭"歡送革命兒女們奔赴農村"時無不哭得死去活來的場面，見證了沒有一個父母是心甘情願的。就算有個別的學生死抵不從，沒有報名參加行列的，他們的在職父母也會被"勸諭"，如果兒女不服從"革命的需要"，他們將會受到牽連或被開除職務。在當時一切都是政府分配的，如果失去工作，就等於沒有活路，只好乖乖就範。當然，官員的子女就不一樣，大部份有特殊管道留在城市就業，就算參加了奔赴農村的行列，他們的父母也有辦法巧立名目短時間裡將他們弄回城裡去。在文革被打成黑幫的官員子女，也有長期留在農村裡面的，不過當他們父輩一旦被平反或重新回到政壇，這些紅色後代的這段經歷便視為"鍍金"，幾乎都可以優先返回學校繼續學業、進入官場或者就業經商。

　　被下放到農村去的青年到了鄉間如普通農夫一樣耕種、畜牧和打魚，日出而作，日落而息，飽受風霜。目睹了農村裡面階級鬥爭的殘酷無情和六十年代中國農村的愚昧、落後和赤貧。艱苦的鄉村勞動，並非我們年輕力壯一輩的最苦，痛苦的是前途茫茫、沒有明天。經常浮於腦際的問題是：難道就甘心在這些茅舍、蔗林、稻田之中被無形的枷鎖禁錮而終其一生？

中國尚存自由的二片土地，其一就在近在咫尺，為何不嘗試一下？我們慢慢興起尋找自由的念頭。經歷一次陸路從惠陽淡水路線偷渡失敗之後，開始和弟弟志佑策劃從水路駕舟前往香港。

雖然說番禺縣靈山公社距離香港不遠（水路約200公里），但是當年在政府的鐵腕管治底下滴水不漏，嚴密的戶口制度和全民皆兵（讓所謂階級成份好的人成為民兵）是他們的行之有效的所謂"無產階級專政"手段，這些偷渡越境的人民，最輕的罪名也會被界定為叛國投敵者，一經被發現抓到，不是把人投入監獄就是把他們轉在生產隊或單位裏視為階級敵人來嚴厲監管。當時港澳附近的地區，邊防軍隊和武裝民兵防守非常的嚴密，對被抓捕偷渡者的處置都似乎是沒有規管的，邊防軍和民兵在階級鬥爭的教育下形成對階級敵人的仇恨，尤其在文革的負面影響下，他們往往會隨意處罰甚至槍殺逃亡者而沒有被追究。所以我們要起事，不是件容易的事情，必需要非常隱秘地進行。

經過多個月的籌備，志佑在生產隊裏通過禡友的父親（貧下中農、前生產隊長，非常同情我們，視我們如子侄。）的幫助，成功地爭取到被派往萬頃沙圍海造田的名額，首先為我們的赴港行動奠定了基礎。因為萬頃沙位於番禺縣的最南端，地處珠江出海口，距離香港最近（以番禺縣而言），晚上如果沒有月色，在萬頃沙已經可以看見海上一圈光環，據當地有經驗的農民說，那就是香港了。我們這些學生，對於香港的認識非常有限，僅僅是通過一些很粗糙的資料。官方的宣傳告訴我們，香港是腐朽糜爛的資本主義社會。真實的香港資訊卻剛好相反，是我們通過偷聽美國之音廣播和香港的電臺廣播所得到的，而且因為廣東省華僑極多，彼此口耳相傳，有一點是認定了的：那邊有我們渴望的自由。

很快地我又聯絡到有志一同的范康和杜才二位同學加入我們的計畫，於是一方面志佑積極地參加圍墾勞動，賣力工作博取信任，籍以掩護探取通往香港水道的資料，瞭解地形和潮水漲退的規律。另一方面我從廣州接來范康星夜教授他划艇的技術，又到沙灣墟中出售我們年終分配到的幾擔穀物和花生油加上一些積蓄用來購入了一艘一丈八尺大小的小木船。稍後再爭取到當地成分不佳（地主）的裴文參加我們的行動，據他描述，他以前多次隨大隊的漁船南下至伶仃島附近打漁，我們希望借助他的經驗。他屢屢向我們表示與其呆在坳尾受貧下中農幹部的欺壓、生不如死，不如豁出去求一條生路，自然是我們的同路人。小木船買到手之後不敢停放在坳尾村，暫時藏在培文隔壁村的親戚家中。

　　時間過得飛快。按照我們反覆研究制定的計畫選定起程日子為中秋之前，原因是夜間退潮時間相對比夏天長（最長的退潮時間在冬季），而且水溫尚未太冷以減低萬一翻船掉入水中凍斃的危險程度。由六月到九月，籌備時間不足三個月，要做周詳的計畫，略嫌緊迫。尤其是范康與杜才二位對划艇一竅不通，短短三個月之內要訓練成熟的確不容易，我和志佑則早就暗中練習，平日駕舟已可來去自如，並且常常借機會長途駕舟往返廣州，藉以練習體力和技巧。所幸范康天賦體育才能，不足二個月已可划得飛快，技術也不在我之下。我和志佑心底下暗暗高興。杜才三個月下來卻仍然只是初階，我們只好放棄，估計有 4 個人互相交替已經可以應付。一切在我們巧妙掩飾底下進行，所有事情尚稱順利，不知不覺已到了八月下旬。我們初步打算在農曆八月初動身。由范康想盡辦法從廣州弄來一份地圖，和一些乾糧，我們準備了球膽和指南針，夜夜在我們的茅屋之中談論計畫的細節和偷聽香港方面的天氣預報，日子愈接近，心情便愈緊張。

　　不料事情突然起了變化，因杜才一念之仁，改變了我們整個計畫。

　　8 月某日，志佑遠赴萬頃沙，我在田間除草，杜才在我的茅屋裏面休息，一個不速之客—胡奇同學突然造訪，杜才經不住胡的如簧之舌誘探，竟將我們的計畫和盤托出！胡有備而來，要求帶同女友陸隋一同加入。頓時讓我們傻了眼！那小木船如何裝載七個人？！即使勉強做到，危險性也很大，因為人數劇增，行動也大大不便。目標那麼大，在當時中國對於偷渡行為的緊張神經、草木皆兵的環境之下，如此人數眾多的行動非常不智，我們不斷勸胡奇不要帶女友，但他不為所動、態度非常堅決。最終我們也被他對愛情的堅持所打動，決定冒險一試，做了一個大膽的改變，這個改變之後的計畫後來竟然成功了。其中所經歷的九死一生，希望和絕望的交替，黑暗中如有神助，一個漫漫長夜之後抵達香港，改變了小舟之中六位青年的一生。

因為胡奇的加入，自然許多原定的計畫必需修改。比方說，原來計畫是我們 5 個人在起事那一天是利用被生產隊派去參加萬頃沙圍墾的名義（我們的偽造證明書都已經做好了）同乘一艘船直接駛下第十三湧，預估傍晚時候抵達，那個時候圍墾工地剛收工，大家在吃晚飯、洗澡、散步，比較混亂，沒那麼引人注意，我們準備等到入夜天黑以後八九點左右再從這裡起錨。

現在變成七個人，又有女生，當然不能擠在小船裏從靈山一路招搖到第十三涌去，這樣目標會太大的。經過大家反覆討論，得出了一個新的方案來，這個方案比較安全，但是在時間地點兩方面需要很精准的配合。即使是難度這麼大，後來我們居然也做到了。

起事的日期和時間我們也選定了，在 9 月 13 日，中秋節前夕，一個沒有月亮的夜晚。

選好了日子，大家就各自去忙各人的準備工夫，這些天以來因為計劃的突然生變，我的心情和神經一直都沒有鬆弛過，從 8 月初開始倒數時間，終於這一天來臨了。

"涂斌！涂斌！"破舊茅屋窗外裴文急促低沉的叫喚聲把我從熟睡中叫醒，疲伐的身體仍不聽使喚，可是猛然想到離天亮可能不遠了，立刻如彈簧般彈起，黑暗中迅速穿好衣服，摸出屋外，托起門外已經準備好的一大捆青茅竹穿過小路，過了坳尾村裏唯一的小橋來到坳尾供銷商店門口，裴文亮了亮手電筒向我示意小舟已停在商店門外的河邊。我小心將茅竹放到艇中儘量不發出聲音來，並告訴他我要返回茅屋將一雙木槳帶來，要他稍候。隨即我迅速跳上岸，三步並做二步折回屋去，未料到還未有走過木橋，回頭一看，只見裴文已匆匆駕舟離岸而去。我急忙低聲喚他：培文，培文！……不見回音，我匆匆折回原路追去，才跑了幾步，突然對岸生產隊的牛棚傍邊亮光閃了一下，我急忙躲進供銷社貨倉旁邊蹲下來，這時黑暗中一個人打著手電筒四面亂射，慢慢從東面走近牛棚，不久蹲在那邊掏出煙來點燃了吸著。黑暗中借了手電筒的光亮觀察到他的身影像是綽號"毛瓜朱"的生產隊副隊長，平時趾高氣揚的，專門欺壓出身不好的所謂地主富農反革命壞分子。平日黑七類分子見到他像見了閻皇似的，難怪裴文在此三更半夜惹人生疑的時分看見他，不逃之夭夭才怪呢。

這樣蹲了有10余分鐘，毛瓜朱才熄掉煙頭，站起來施施然離去，顯然他並沒發現我們。可是十分鐘，二十分鐘過去了，並不見裴文蹤影，我頓時急了，心裏想："壞了！裴文究竟打什麼主意？難道怕了周朱（毛瓜朱）不理我們的約會？！"半句鐘過去了，我決定不能再等，迅速回到茅屋將準備帶走的二包用品減縮為一包背起，鎖上大門急急離開了坳尾村。

沿著河岸走到水閘出口，仍不見裴文蹤影。抵達公路頭渡口時，大約淩晨四點左右，因為太早，為避免受人懷疑，我暫時不過江，繼續沿河岸往南趕路，估計到雁沙大隊接近天亮的時候再打算渡江。為了爭取時間，我的腳步有點近乎小跑了，在沿途的狗吠聲中，穿過了幾個村莊，坐上雁沙渡船的時候，天色已經翻出魚肚白。

上了對岸，直奔江窖口。

見到志佑的時候，我已經渾身濕透，上氣不接下氣了。

會過杜才、范康他們，我簡略報告了一下我遲到的原因，檢討了這樁意外事情，志佑和范康也告訴我裴文已先我而到並剛剛離開。原來在我返回茅屋取木槳時，裴文發現毛瓜朱，沉不住氣，慌亂中先走了，又不敢折回，剛才更對志佑說，他要考慮改變主意，很可能會退出我們的行動了。現在可能會沒有了帶路的人，又欠缺一雙木槳，怎麼辦？我們極速簡單商議了一下，萬一裴文真的不參加對我們來說也不完全是壞事，小木船載 7 個人本來就太危險了，有志佑基本可以掌握方向了。但是今日起程卻大有問題，因為即使我的木槳不出狀況，小舟也有重大問題：原來托裴文親戚保管的那艘買來的小木船，因保管不善（或者可以說那位仁兄根本沒有保養）長期暴曬逾年，艇艙部分有些地方木質變枯，當小舟負荷超過五、六百斤重時，水便會從那些地方滲入，一時堵塞不住。船頭部分也不夠牢固，稍大的風浪恐怕抵擋不住。所以在我未到之前，已派遣胡奇往大崗醫院的艇站去"物色"一隻合適的船。

我告辭他們向鎮上走去，打算看看胡怎樣了，半響，只見胡奇飛也似的駕來一隻小舟，我一看暗暗叫聲"不好"！那小舟也真個"小"，只有一丈三尺左右，艇艙淺得可憐，排水量太少的。若載了七個人走一夜的船，原來我們那一艘一丈八尺尚嫌太小，那麼這艘根本不能勝任。此時此刻，我真的懷疑胡奇的眼光，包括他擇女友的眼光：那位胡奇拼了命也要帶上船的陸隋小姐，在我們剛剛到達彼岸，就向胡說拜拜了，氣得胡奇兄據說嘔了血，那是後話了。

見了志佑、范康他們，迅速交換了一下意見，決定由胡奇仍將小艇交還原處，吩咐萬一碰到船主，千萬要道個歉，希望可以免去許多麻煩。

怎麼辦？這時候是騎虎難下、進退兩難。如果繼續計劃行程，那麼工具不全小船破舊危險重重。如果取消行程，又擔心起程日期拖延，二三天后潮水變化會對我們不利的，可能這麼些天的準備工作白費了，怕起事無期了。我們幾個人商議了半天仍決策不下。眼看著時間一分鐘一分鐘過去，很快便接近九點鐘。

忽然間，烏雲從東方上空一大片一大片湧過來，漸漸遮住了晨光，河面上也刮起了風。風越來越大，河上翻起的浪頭拍打著岸邊，濺到岸上三尺以外的地方，並且開始下起大雨。一直未有決定的我們這幾位"逃亡者"在雨中呆若木雞，風雨增加了我們的憂慮。

強勁的秋風夾帶著雨水，愈下愈大，我們已渾身濕透了。

還好，看著天氣越變越壞，就算一切準備充足，這樣的天氣如果一直下去，今天晚上啟程，也不現實。似乎上蒼在幫我們做了個抉擇。我們迅速交換了一下意見，決定暫緩一天看看天氣再做決定是否出發。且江窖口不宜久留，又無遮攔，我與范康將小舟駛入鎮裏保管站泊好，然後集中在大崗鎮小食店角落裏裝做食客繼續"開會"研究退策。

一個小時之後，大家決議如下：為了修補小艇又不致延誤日期，改為明天起程。小艇即日駛往大崗鎮胡奇住處修理，由胡奇和志佑、范康負責，並由胡奇設法多弄點竹由志佑、范康二位駕駛以運載竹枝往萬頃沙圍墾為理由做掩護。

杜才暫時返回生產隊，向隊友取回手錶備用。（後來並沒有取到）

我返回上圾村取回一雙木槳。

三路人馬立即各自行動，並且約定翌日天亮之前在靈崗大橋腳下會合。

先說志佑、范康和胡奇三人在市集上買了些桐油灰和竹絲之類的修艇用品，然後將小艇駛入大崗鎮嶺東生產大隊胡奇的住處附近停泊好，佯稱運載茅竹往同學處鋪搭廚房茅屋，撞壞了小艇需要修理為理由，在僻靜處將小舟翻過來，找來錘鋸、鐵釘、木板，然後砰砰嘭嘭地修起船來。由於長期暴曬，小舟有幾處木材枯爛，大小有兩個手指長寬，只用布和桐油灰堵住不夠牢固，後來索性將枯處稍微鋸大然後塞入與洞口大小木塊，用桐油灰糊住四周，再在外面用鋅鐵皮牢牢釘住。雖然這批土工匠毫無修船經驗，但第二天晚上的事實證明了土辦法好極了，一日一夜的海上風浪並沒有讓小舟受損。

天公作美，下午雨後立即放晴，三點鐘之後已經陽光燦爛，使修船工作得以順利進行，還不到傍晚已大功告成。各人不禁鬆了一口氣。並將竹捆重新擺入小艇停泊好，準備天明之前運出大崗鎮，此一處暫且不提。

再說我和杜才下午二時同乘公路車返回住處，在九比大隊分手。我回到坳尾，第一件事先找到裴文。

見面時裴文臉露羞愧之色，我則滿腹怒火，幾次想發作，都按捺下去。心想，發脾氣豈是這種時候？仍然用商量的口吻和他交換今日彼此的經過，最後我提出約定明天淩晨 3 點用小艇載我和一雙木槳去江窖，但他立即面露難色，支支吾吾不予答應，一會說借小艇不易，一會又說怕出事。最後才向我表示了要退出我們的計畫的決定。裴文的陣前退縮，確實讓我們措手不及。"涂斌，念在我們一場好朋友，原諒我吧。留在這裏生活確實很苦，本來想豁出去了，但是我始終放不下妻子兒女。如果我今日就隨你們離開，你是知道後果的，我擔心我的女人受不了日後的苦，如果不幸失敗了我一家人日子就更加難過了。我足足考慮了三天三夜。請恕我不能跟隨你們起事⋯但是我心裏面還是很羨慕你們。"裴文說罷垂下頭來不敢正眼看我。眼角淌出一行淚水。

"算了吧！我們的籌備也算充分，相信可以一搏，多謝你這些日子以來給予我們的指點。"我略為安慰了他幾句，並答應若成功了將來會與他聯繫，然後打發他回家去。待他腳才踏出門口，我馬上抓緊時間將茅屋之內東西稍為清理一下。下午四點過後不久，裴文過來對我說："涂斌，明早三點我駕舟來送你過河，你不用泅水渡河，那太危險了！"他似乎對於退出我們的行動感到歉意，原定我是計畫帶著一對木槳于天亮之前泅水到河對岸再步行到大崗鎮與南平他們會合的。

"多謝您，希望他日報答您！"我由衷地說。

"哪里的話，好兄弟啦，平日我受你們兄弟倆恩惠也不算少，現在盡一些心力，也算是我的一點報答。"說完還在懷中取出一包炒米餅遞到我手中，說是給我們途中夜裏做乾糧的，然後離去。

這一夜我輾轉難眠。

凌晨三時准，裴文與我已將東西放妥然後駕著小舟離開河邊茅屋向渡河口對岸駛去，這時候天色一片漆黑，僅可以朦朦朧朧目送那孤零零的茅舍（當地農民為了安置我們這些所謂的知識青年，在離村子稍遠的空地蓋了茅房。其實我們慢慢也了解到農民對於收留這些知青也是心不甘情不願的，因為我們佔了他們的資源和收成。但是當年政府的命令是不容挑戰的，即使是"當家做主"的貧下中農也只能夠私下抱怨。）漸漸離我遠去，心裏不覺悵然。在這裏棲身已經三年了，此行一去不知道何年何月才有機會回來？可能永遠也回不來了。即使他日有機會回來，相信這簡陋的茅舍也不復存在了。想著，小舟不覺已經靠岸。我與裴文握手再見，互道珍重：

"記住起程多帶點淡水，到香港後要想辦法報平安"裴文壓低聲音說道。

"不會忘記的，日後多保重"！我心裏有點莫名的難過，說完連忙扛起雙槳跳上岸邊，目送裴文駕舟離去直至他的影子消失在河中心為止。

我登上堤壩，摸黑穿過田基，小心翼翼地朝大崗鎮方向走去，幸好一路上並未遇到盤問，馬不停蹄地趕路，到達大崗鎮才早上五時左右。

黎明前夕，東方泛白，朝陽初露。河上停泊著的大船小船都冒起了縷縷炊煙。初秋時分的習習涼風，吹來將我一身汗氣揮發掉，精神也煥發起來。心想，今日看來可是個大好天氣，正好讓我們起程。

不一會，志佑和范康駕著載滿青矛竹的剛修理好的"新船"準時抵達匯合地點，我們仔細檢查了小艇，雖然估計載重量已超過五百斤，但並無半點滲漏現象，各處修補過的地方也很牢固。我們心中暗暗高興。

五時三十分不到，杜才、胡奇和陸隋也相繼趕到。各人將昨日細節交代後，在已經商議好的起程的方式上徵求了志佑的意見，最後一致敲定：兵分水陸兩路，陸路由胡奇、陸隋、杜才和我組成，杜才和我扮成被生產隊派往萬頃沙圍墾造田的下鄉知識青年在前領路，胡奇和陸隋飾情侶（當然他們現在是如假包換的情侶）殿後。水路方面由志佑和范康駕舟運載圍墾用作搭棚架用的竹為名，沿河南下至萬頃沙十三涌的涌口與我們會合。約定會合時間為晚上八時至九時。

早上六時整，火紅的太陽已自江上冉冉升起，我們二組人揮手而別，各自上路。

先說我們四個人登上由大崗開往萬頃沙破舊的渡輪，早班船擠滿了農民，我們沒有座位，背靠背站著。為免露出破綻，我們儘量不交談，表面佯裝漫不經心的欣賞兩岸風光，但是仍然難掩各人內心的緊張。這樣經過了二個多小時沉悶的航行到達黃閣站，部分乘客上了岸，才稍微有些空間挪動，可是兩腿都站得有點麻木了。離開黃閣之後河道開闊了很多，漸漸從船上看兩岸已經是不辨牛馬，這就是珠江口河區了。從船上往東北望去就是虎門要塞，往南方遠眺則是一片汪洋，看不到邊際。想及今晚就要衝出"虎口"，結局如何尚在未定之天，心裏不禁有點惘然。

中午 12 時左右，客輪終於抵達萬頃沙鎮（第五涌）。船還未靠岸，已遠遠看見岸上碼頭站滿了民兵檢查員，荷槍實彈守在閘口，準備檢查上岸的乘客。出閘時他們仔細檢查了我們的證明，朝我們幾位"知青"看了又看，上下打量了一番，目的不外是想從中找出不符合本地人的破綻來。（後來我們才從香港報載獲知 9 月 13 日是林彪外逃失敗的日子，史稱 913 事件，中共中央頒佈下來要邊防各級軍民嚴防林彪同黨外逃，而廣東正是林彪同夥黃永勝的巢穴，那一天正布下天羅地網，要清理門戶，緝拿林彪餘黨，而我們幾個黃毛小子正好闖上了那個敏感時刻。）有道是道高一尺魔高一丈，我們巧妙的裝扮和可以亂真的假證明，通通瞞過了他們"雪亮的眼睛"，揮手讓我們出閘。

這裏尤其值得一書的是我們曬得黝黑的皮膚和所穿背心上醒目的大字："番墾戰士"，沿途掩護我們不被截查，避免了很多風險。

先說我們黝黑的皮膚的由來，因為大凡參加圍墾的民工都比一般從事農活者黑得多，原因是圍墾地帶一望無際的河灘沒有半棵樹木和遮陽的地方，成年累月暴曬下來無不渾身黑透，此乃圍墾造田者的特徵。為了這個特徵，我和范康、杜才數月前便有意識地讓身體儘量暴曬在陽光底下，到起程之時我們都黑油油的了，連皮膚最白皙的范康也基本上合格。

而背心上印上"番墾"字樣則是偶然的發現而受到啟發，一次我和范康送同學陳天乘船回南沙時，在碼頭內正交談間，我的目光突然觸及旁邊一位青年民工身上所穿背心印著的"番墾"二字，靈機一動：假如我們上路時穿上這樣的背心，豈不是可以等於有個護身符？當時我將這一想法告知范康，認為妙極。後來我們立即以自己學會的土辦法制作了每人一件背心，果然產生了預期的妙用，我們自己也心理上面好像得了護身符似的，認為不必擔心被盤問了，面對那些民兵和當地農民的時候，表現比較不顯得慌張、有自信心得多，沿途為我們省掉不少麻煩。

在萬頃沙一家公眾飯堂用午膳，時間約在下午一時三十分左右，志佑和范康也在那時也駕船抵達萬頃沙，並在這家飯堂碰面，不過為免使他人生疑，我們並不交談，佯裝陌路人，一切仍然按照預定計劃進行。

在鎮上耽擱至下午三時，看看太陽開始偏西，我們繼續起程，準備完成最關鍵的路程——從第五涌步行至第十三涌圍角。胡陸二個人居先，做情人親熱的模樣，我和杜才保持距離他們三百米左右的後面尾隨著。如果遇到迎面有來人的時候就談笑風生，僻靜處則停下來商談下一步的對策。由於估計錯誤，若以平常速度，恐怕到達十五涌會嫌太早，所以一路上故意放慢速度，拖延時間。

此時烈日當空，河岸這邊農田一望無際，僅河岸寥寥幾所破舊茅屋，若不是田中禾稻將熟，有點生氣，到處一片荒涼。田中農夫像螞蟻般辛勞地揮汗耕作，放眼望去都是農民頭上的蘇笠、田中阡陌、岸上茅舍、地上樹木，一切都好象停留在中古時代，一點也看不出來現在已經是 19 世紀 70 年代。我們這些蟻民與高高在上的中央統治者也正是象中古時代的奴隸和奴隸主，我們被奴隸主驅逐到農莊去賣命，如今我們正試圖逃出這個中古時代的鐵幕，找尋心儀已久的樂園——"天堂香港"。

在足夠黑的皮膚和背心上醒目的紅字掩護下，穿過幾座村莊，都沒有受到盤問，一路無阻。

太陽下山的時候，正好接近 13 涌，心情不由得有些緊張起來。乘僻靜無人的時候我們分別將外衣長褲和所攜多餘物件棄掉，輕裝上陣。我和永德只穿背心和短球褲，肩搭毛巾一條，裝做收工飯後散步的模樣，極力以悠閒自在的表情掩飾內心的緊張，仍然遠遠尾隨著胡陸二人。

這時太陽已躲到地平線之下去了，剩下滿天飛霞，夜幕快將拉下，漸漸地相距二三十步以外就難辨人物。

看看時機到了，我們趨前知會胡陸二人立即趕往會面地點。初時胡回說太早，後經我再三催促，他倆終於加快腳步，可又嫌太快了。隔著路上飯後散步的雜亂無章的民工，十多步內我們只能勉強辨認出胡陸二人。幸虧我們年輕視力很好，不過新築好的堤基，凹凸不平。既要緊盯住前面人群中的胡陸二人的身影，又要提防坑坑窪窪的地面，以近乎小跑的速度前進，腳步跌跌撞撞。不一會兒我們還遇到幾個荷槍實彈巡邏的民兵，馬上收起腳步想好答詞準備接受盤問，幸好他們並未"光顧"我們四位。

這樣加速地穿過了圍墾指揮部的商店，穿過東湧公社的民工棚，這些民工棚遠看似足了未開化野蠻土著的茅屋，破爛不堪，因剛受過颱風的踐躪，許多已倒塌在地下，到處一片狼籍。

好不容易走近化龍公社的民工棚，該是圍角最後一個工棚了，工棚再過去便是新築好的堤基，堤基由我們腳下向南方河中伸出去，前面一片漆黑，堤基好像通往地獄深處的道路。

我們四人趁路上行人斷續的空擋簡單扼要商量了一下，我和杜才立刻沿著堤壩爬到堤下泥灘躲在一叢水草裏面，身體躺下伏在河床上面，此時河水只淹到半個身體，我們一動也不動以免發出聲音，堤壩上的路人看不到我們。

　　胡陸二人則依偎在堤上作談情說愛狀，也沒有人干涉。

　　這樣約過去三十分鐘，快接近八點了，看看堤上沒有行人，我正想挪動身體去招呼胡陸二人開始行動時，突然堤外傳來大聲吆喝，我慌忙趴下，仔細找尋聲音的方位和內容，原來堤外一些民工在捕魚。我和杜才只好暫時不動作。

　　又過去10幾分鐘，根據聲音判斷那些民工仍在。黑暗中我們焦急極了，因為離開九點鐘只剩下不多的時間。假定九點我們尚不能到達會合地點，志佑和范康會懷疑我們這方是否出了狀況？而且他們在該處亦不能久留。倘若因久等而被民兵發現或者被迫離開，那麼整個計畫無疑會被打亂掉。

　　即使退回去也沒有藏身之地，天亮之後更多的麻煩會等著我們……想到這裏，我心裏開始發毛。

　　時間一秒鐘一秒鐘過去，懷在身上的鬧鐘滴滴聲仿佛快了許多，我極力抑制住那緊張的心情，望了望杜才，他也焦急極了，我挪動身體靠近杜才，大家不約而同地望向離我們伏身的堤內水草灘，杜才壓低聲音向胡陸二人發話：如今已不能由堤上走出圍角，請立即下來一齊由堤內草灘爬出去，乘現在潮水初漲容易滑行。胡奇回說時候尚早，再等一會，經我們再三催促，他倆乾脆連回音也省了。看看不能再等了，我和杜才交換了一下眼色，已到此刻不容緩的地步，最後知會了胡陸，然後開始滑動。由於潮水初漲，泥灘河水僅及半尺，正好起潤滑作用，用雙手插進泥裏用力一划身體便像泥鰍一樣前進，不消幾分鐘便划進有二尺高的水草叢裏，且沒有發出太大的聲音。

　　我們剛剛滑進草叢，胡陸二人突然攜手從堤上快步跑下，到泥灘時仍不趴下，拼命追趕我們，以至濺起的水花發出很大的響聲，我們倆亦被他們這種愚蠢而致命的舉動弄得幾乎不知所措。

我慌忙站起往回跑過去制止他倆，讓他們趴下，並且迅速爬向草叢深處，暫時隱蔽。

很快，堤上射來強力手電筒光束，並傳來吆喝聲，喝道："什麼人！站出來！"幸好我們已藏在草叢深處，離大堤已超過二百公尺遠了。電筒光一陣亂劃之後人聲也沉寂下去我們稍微定下心來並且互相照顧著，以最快的速度划向圍角，這時泥灘上的水已漲至一尺多高了，我們一半是游泳的姿式，一半是撐撥淤泥讓身體加快速度。

這時周圍已經漆黑一片，萬籟俱靜，只聽見我們划水發出的嘩啦嘩啦聲。不久就看見大堤上面飄閃著一盞導航燈，我們知道快抵達圍角了，果然不一會便發覺泥灘已到盡頭，前面一道黑乎乎的大堤擋住了去路，我們正興奮地翻上堤壩的途中，突然堤外閃了閃光，我們急忙趴下，仔細盯住閃光，發覺外邊不遠的地方停泊著二艘小艇，上面有人，而且還聽得到他們談話的聲音，我們頓時緊張起來，只好小心翼翼地遊回圍角另一邊，在離那艘小艇約有五百公尺的地方有一小土丘躲在下面審視著周圍，等候志佑和范康二人出現，因為這二艘艇的存在，實在令我們忐忑不安。

十餘分鐘過去了，還未見到他們半點蹤影，我們四人泡在水中不敢移動，這時候已是中秋，晚間的氣溫已經相當低，泡在水中，海風颼颼吹來，各人不由得戰慄起來。

"喂，涂斌，你睇！"胡奇突然失聲叫起來，"那邊有二個人影，是范康！"

我們目光一起沿著胡所指方向望去，果然一團黑影向我們這邊飄來，帶著輕輕的划水聲。我們屏息住呼吸，盯住這團黑影，越飄越近，已可辨出是一艘小舟，舟上確有二個人影，但尚不確定是志佑和范康。大家都不敢作聲。

"涂斌，涂斌！"突然那艘小舟上傳來輕輕叫喚聲，我們馬上辨認出是范康的聲音，各人不由得興奮地一起站了起來。

"范康,我們在這裡!"胡奇也壓低聲音回應了過去。並且我們四個人立即弓著腰迅速向小舟靠去。

"我們等你許久,怎麼這樣晚了?!"志佑語帶責備地問道,我們站在小舟傍邊向志佑范康簡單將原因交代一下之後立即決定起程。首先要將艇內的毛竹丟入水中,此時各人因為心情過度緊張,動作竟然有點慌張,將竹丟入水中弄出很大的聲音,我和志佑馬上低聲制止各人,但已太遲了,岸上傳來大聲問話"什麼人?幹什麼的?!"隨著吆喝聲射來電筒光,原來每個圍角均有隱蔽的哨崗,專門用來監視企圖偷渡者之用的。每個哨崗均配備自動武器,遇到喝止不了或反抗者都格殺勿論。電光已可投射在我們身上,距我們不遠的那二艘小艇似乎有了類似的反應,頓時四面傳來吆喝聲:"有人偷渡啊!抓住他們!"一聽到這些厲聲喝止,各人都沉不住氣,慌亂起來,我和志佑企圖制止他們,但沒有用,艇上的竹子還未全部扔掉。我和志佑范康只好讓他們先上船,繼續合力將剩餘毛竹拿掉,迅速跳上艇中,各就各位,(預先已安排好我與范康輪流掌前面雙槳,志佑和胡奇司後雙槳兼掌舵。)登時四槳齊動,加上另外二隻單槳在艇中間助扒,小舟飛也似的離開十三涌圍角,向河口水域衝去。這時哨崗上民兵見喝止無效,機關槍、探照燈一齊向我們掃射過來,遠處二艘小艇原來是隨時侯命的民兵機動船,這時也已啟動馬達隆隆向我們追來。霎時間探照燈和強力電筒光束像狂蛇亂舞,劃撥長空,與卜卜槍聲交織在一起,子彈就在我們身邊紛紛檫過。

眼見情況危險,我和志佑使出吃奶之力,揮動二雙槳,拼命向江中划去,企圖沖出重圍。志佑估計他們會向束邊方向追趕我們,建議我們暫時向正南面航行我馬上附議。不知是否我們因情急逃生而力氣倍增之故而致我們小艇的速度比他們的機動艇還快!抑或是這幫民兵膿包判斷錯誤錯了方向,這樣冒死划了約20分鐘,吆喝聲、槍聲由大變小,漸漸消失了。也可能是這天晚上沒有月色,(這就是我們計畫周詳之處,我們選擇農曆月初,沒有月色的日子起程)河面漆黑一片，江上伸手不見五指，一旦我們離開了他們射燈照程之外，便無法看到我們。即使如此，我們仍然像驚弓之鳥，各個人手中木槳仍然機械般劃動，小艇像脫弦之箭般轉向前方射去。黑暗中我們同舟各人沉重的呼吸聲音好象在告訴我們剛剛逃過了一道"鬼門關"。直到一個小時之後，確認沒有人追來，才舒了一口氣，互相擊掌慶祝逃過第一道關卡。（事後很久我們才知道，這天晚上正值九一三事件的第二天，毛澤東法定接班人林彪就在當日外逃被殺，中共為防林彪同黨巢穴的廣東軍區黃永勝等人外逃，特別加強防衛和巡邏，而我們則"躬逢其盛"，險些丟了小命。同日起程的其他船隻一些被即時處置，大多數被抓獲遣返坐牢去了。我們算是幸運的一群，正是有上蒼佑我，得以逃出生天！）

小舟離岸已遠，身處珠江口上航行，茫茫汪洋、漆黑一片，我們的小船在隨時會興風作浪的寬廣的海上，只像一片樹葉，稍遇大一點的風浪就會隨時翻轉，各人心裏不免徬惶。我們掏出預備好的指南針，按照方向繼續向東南航行。此時已近午夜時分，四面萬籟俱靜，江水仍在漲潮，但已經趨緩，只聽見艇首拍擊著河水，劈啪、劈啪作響，各人心情稍為平復，開始取出食物和淡水食用，並小聲交談："你話我地五點到唔到得香港喇？"范康問道，志佑回說："梗系到喇，以我地快過快艇的速度，D蠢材拍馬都追唔到我地啦！"說完各人不禁咭咭聲笑了起來，頓時艇中氣氛輕鬆起來，有人還輕輕哼起小調。忽然，海中隨著木槳撥起的水花，躍起一些小魚，好象是有翅膀的，泛起銀光，有幾條甚至躍入艇中，各人不禁喝彩起來："哇，好意頭！有聲（腥）氣！"不知由誰發起，紛紛將小魚放回江中，並將一些錢幣投入水裏，祈求平安順利。

這一夜非常幸運，風勢和緩，波濤不大，午夜過後已開始退潮。我們四人交替著划動四槳，加上杜才一隻單槳，小舟保持著高速向前方航去。這樣很快過去約二個小時，突然志佑細聲叫道："喂，大家有沒有留意，前面黑暗天空之中隱約出現一個光環，根據老漁民說，光環之下便是香港了。"大家順著所指方向望去，果然遠方雲層下面一個淡淡半圓形光環，認真再看，光映照著上方雲層，正是我們文革步行串聯時夜間行近一個大城鎮的情景。不過現在是在海上，四面漆黑。不說則可，經志佑這一說，那光環似乎愈來愈大和明顯了，而且各人心中也興奮起來，力氣也益發充足，加上正值退潮高峰，小舟更像脫弦之箭似的航向目的地：香港。

這樣又過去一段時間，光環越來越大，已漸漸可以看見光環發出的光芒射向天際的雲層。此外，四面仍然是漆黑一片的海面，渺無邊際。

"伶仃島！"又是志佑細聲叫道，聲調顯然略帶興奮繼續說："你們仔細向前方望，那躺在前面好象呈倒過來的大括弧}型的小島便是伶仃島，我們快接近香港了！"

我們各人定了眼神，黑暗中隱約可辨出一個山頭的黑影橫在前面。

"每逢雨過天晴，我們從萬頃沙往這邊眺望，便會隱約見到這個島，形狀就一個橫擺的大括弧。老漁民說，那便是伶仃島，再過去不遠就是香港了。而且從地圖上看珠江口就只有一個較大的海島。"志佑接著解釋道。

其他人沒有說話，因為沒有人有這方面的知識和經驗。我和范康曾共同製作過這次起事的地圖，知道伶仃島的大概位置，所以一致表示同意。

按照地圖上的指示，來到伶仃島，我們應該靠左從蛇口與伶仃島之間的水域穿過，可直抵流浮山，是最短的航程。於是立即將艇頭調向東南方向，全力衝刺。可是剛一掉頭，就遇到一股強大的逆流將我們沖回去。起初，我們以為沒有什麼了不起，憑著我們年輕力壯，一鼓作氣就可以沖過去。便合力六支槳一齊划動向前沖！可是這樣卯足力氣划了近半個小時，不但沒有向前半步，反而被逆流將我們往伶仃島的方向沖去。我們暗叫不好。眼看著小艇愈來愈靠近伶仃島，已隱約可以看得見島外凸出的岩石。我和志佑都知道島上是駐有邊防軍的，萬一被冲到島上去，很有可能被發現的，那麼一來就一切都完了。想到這裏，心裏不寒而慄。我們迅速低聲大家交換了一下意見，決心冲出這個逆流區，絕不可以靠岸束手就擒的。馬上由我和志佑掌前後雙槳，單槳由范康和胡奇在中間划動，這時候海浪明顯比上半夜大多了，小舟在海浪裏飄搖，可以清晰感受到小船快要支撐不住的樣子了，海水不時潑進小船裡面去，杜才和陸隋拼命用器皿將水滔出船外。我們大夥合力拼命向香港方向划去。這時為了脫離險境，各人卯盡全身力氣，小舟才稍微離開伶仃一小段距離，此時天色仍然漆黑一片，我們彼此雖然看不清楚對方的臉龐，但都可以感受到彼此沉重的呼吸！

"我認為應該由右邊直入大海，再掉頭向香港島划。"這時胡奇忽然提出異議，

"我反對，因為一出大海，想回頭並不容易。"我立即表示不同意，范康附和我，這時胡奇還想申述一下他的理由似的，但由於志佑厲聲制止、並且贊同我和范康而終止了我們的爭執，並決定繼續由原路切入。儘管如此，每個人心中還是很惶恐和焦急。又不敢作聲，以免聲音傳到島上被人發現。這時寂靜大海之中，只聽見海浪拍打伶仃島岸邊岩石嘩啦嘩啦的浪聲，這種聲音突然變得刺耳和恐怖。偶然一個巨浪湧到岸上轟隆一聲，似乎要將我們腦袋炸開似的。我們機械地划動著，船在海浪里飄搖，神經緊張得如箭在弦。

可憐我們四個人如此交替地划動了約一個多小時，仍然只是略微離開伶仃島非常有限的距離。我們的手都酸軟了，腿亦開始麻木，胸口發脹。但是求生的欲望，仍然支持著我們像機械人一樣划動。老實說，這時候每個人都有點絕望：因為這時距離香港還有一段路程，時間已到凌晨三點多四點鐘，再冲不出去，天馬上就會轉亮，屆時很有可能被島上駐軍或者海上來往的輪船發現而束手就擒了。

這時在我腦海中忽然浮現二年前我第一次嘗試從惠陽淡水陸路

偷渡失敗之後，被關押在東莞樟木頭"收容站"牢中的情景：每天晚飯前夕，獄中惡煞般的"管教員"將所有犯所謂"投敵叛國"罪的偷渡犯人押解至牢獄中央操場上一字排開，管教員將分給犯人的一小碗粗糙米飯和一茶匙面豉醬，置於每人面前地上，然後用急促的口號命令犯人：起立！蹲下！起立！蹲下！……不久便相繼有人因一整天的苦力勞動和長期挨餓而暈倒，一個，二個，三個……有次我也不支倒地，背後的"惡煞"管教員立刻趕來揮動準備好的鐵帚雨點般掃來，我本能受創痛極像彈簧般彈起，身上已留下鮮紅血痕……想到這裏，我重新鼓起勇氣，心裏告戒自己：只許成功，不許失敗！無論如何要衝出逆流區。

我們四個划艇好手，加上杜才的一隻單槳，機械地又狂划了一個多小時，又前進了一小段路程，但尚未擺脫逆流阻礙。這時天色已開始麻麻亮，看著那似亮非亮的天際，我們氣喘如牛，回頭看見伶仃島還像死纏住我們不肯離去的惡煞。心裏的絕望和恐懼感也慢慢增加。

正當我們每個人都陷入絕望的沉默之中時，希望卻悄悄來臨：杜才第一個發現小艇在開始移動，他問范康："你是否覺得伶仃島比剛才遠得多了？"

我們整條船的人全體轉頭望向伶仃島，似乎有了這種感覺，但不敢肯定。但是不久，小艇似乎恢復了上半夜的速度。

"有救啦！"杜才和范康異口同聲歡呼地小聲叫道，我們都確實感覺到小舟在快速向東南移動，伶仃島那堆討厭的黑影離我們漸漸遠去。一時間杜才和范康的興奮之情迅速傳染了我們每一位難友，全艇洋溢著希望的氣氛。我們之間開始低聲互相勉勵，務必鼓其剩勇，到達彼岸。

慢慢我們明白了這個晚上令我們瀕臨絕境又使我們起死回生的現象，原來急湍的回流象旋渦一樣由伶仃島東面湧入，然後從島的西面流出，我們抵達島的週邊，剛好頂著這股激流，一旦落入這個旋渦，任憑你機動船開足馬力也怕動彈不得，可憐我們一艘人力小舟，能夠原地踏步已算了不起了。最後我們可以擺脫被沖上伶仃島的厄運，靠的是天亮時分的漲潮，讓迴流趨緩。並且很僥倖，我們現在離開九龍半島北端已經很接近，以目測計算，尚餘半個多小時航程，我們必須迅速靠近彼岸，否則天亮以後亦隨時會被中方船隻緝捕。

這時，不知哪里來的力氣，四槳齊動，不對，應該是五槳齊發，這葉小舟，再象脫弦之箭似的向香港航去。眼看港島在望，艇上人人額首稱慶，一片歡愉，竟然忘記了一夜的疲倦！

"哎喲！"胡奇突然弓起腰，騰出左手捂住腹部，"我肚痛死啦！志佑你來替我一下。"說完立即放下雙槳。

剛才換手坐下不久的志佑露出驚訝的表情，慌忙站起來隨著急於脫手的胡奇跨前一步過去準備接著已離手懸空的雙槳，大概是因為交換位置的動作太過急促，小艇大幅度晃了一下，只聞撲通一聲，胡奇不知如何竟然掉入水中，整個人沒入水中，只剩一隻左手勉強抓住船的尾舷部分。說時遲，那時快。志佑趕緊站穩腳跟，鼓起雙槳拼死將船停住，小舟速度太快了，雙槳逆向鼓住急流，已可聽到木槳吱吱做響！大夥不禁捏了一把冷汗，木槳快要斷掉！小舟急轉了一個彎然後穩住。大夥手忙腳亂急急將胡拖入艇中，此時胡奇臉如土色，一臉驚慌。肚痛的事早已拋入九霄雲外了。這時陸隋小姐竟然沒有表現出多於我們半點的關切之情！事後志佑回憶說，當時真的不知道那來的勇氣，只覺得救人要緊，從未想過如果雙槳因為用力過度而斷掉的後果。

期間志佑卻因為了拯救胡奇而動作過急，一腳踩在艙底一枚鏽鐵釘上面，血如注般湧出，我們連忙用布給他包裹了，暫時止住出血。他強忍住刺骨疼痛，堅持繼續在後座飛快地劃著雙槳。

眼看著南面的島角一端漸漸靠近我們，各人心情不由緊張起來。艇中忽然沉寂下來，鴉雀無聲，只剩嘩啦嘩啦劃水聲和海浪拍打船頭的聲音。這時天際已翻出魚肚白，一線曙光從水平線上射出。

突然我們察覺右邊外面海上有一艘大型機動魚船迎著我們駛

來，似乎開足了馬力，一瞬間已到了距離我們小船二三十丈開外，晨霧朦朧之中分辨不清對方是何妨神聖，但各人心知不妙，一時間都停了划動，各人手上持住木槳和其他硬物，隨時準備與對方一搏—因為距勝利太近了，失手實在心有不甘。

大船隆隆的馬達聲由遠而近，接近我們，然後超前與我們並排，這時船上傳來一聲吆喝：「偷渡呀？！捉曬你地番去！！！」這一聲吆喝蓋過了馬達聲傳過來真是如雷灌頂，嚇得各人心膽俱裂。

我們雖是強作鎮定應變，到底不希望與他們真的交手。

奇跡出現了：這船竟不理會我們而去！但是大船泛起的巨浪幾乎將我們這艘小木船掀翻。

千鈞一髮的危機，竟如此輕易化解了，這不能不說是我們天大的幸運。

當我們從驚懼中清醒過來時，不由得三扒兩撥，將艇迅速靠了佈滿大大小小岩石的岸邊—香港西面最北端的爛角咀。靠岸時尚爭執了一番最後決定先將小艇藏起來，預防萬一此岸不是彼岸時才有工具繼續逃亡（一直以來，時有所聞，不少逃亡人士誤逃到還是"祖國懷抱"的深圳蛇口裏面去束手就擒的。）未料到剛剛動手藏船的時候，遠處又有人吆喝過來：「捉人呀！捉住偷渡犯！」（事後知道，有些無良的漁民想要偷渡者的船隻，而出言嚇跑我們。）可憐六位青年聞聲喪膽，紛紛手執硬物，匆忙之中取回各人物件，顧不得小舟而倉皇向喊聲傳來的反方向落荒而逃。陸隋、胡奇領先，范康、杜才緊隨，我扶著志佑殿後，往山上矮樹叢跌跌撞撞地跑了約二十分鐘，看看沒有人追來，才聚在一棵樹下大石傍邊稍事休息。此時各人上氣不接下氣，驚魂未定。志佑腳上的傷口血流不止，我在附近采了一種常見的青草放在口中嚼爛敷在傷口上，又撕了衣服上一塊袖口裹住整個腳掌，暫時止了血。

大家稍事休息了一會，看看周圍環境：此時天已大亮，太陽正從東方海面冉冉升起。朝南面望去儘是山巒重疊，腳下以西不遠便是山崖，接著就是一望無際的大海，往北遠眺尚可清晰看得見海中伶仃島－那昨夜我們幾乎靠岸的魔鬼島，孤零零地躺在海上。時值中秋，涼風習習，碧海無波，晨曦映照之下鱗光片片，我們這夥很少見海的青年不禁被眼前的美景給吸引住了。很難想像昨晚漫無邊際漆黑一片的恐怖黑夜海洋，晨光之下如斯美麗。

再沿崖下海岸往南一直望去，目光可及之處皆一片沉寂，不見一間屋宇和半個人影，我們為了下一步向哪里走七嘴八舌爭論一番之後決議翻過前面一座山再說。

前面一座山沒有大樹，多為矮灌木，一路向南走了近二個小時，才翻過了山頭，太陽漸漸猛烈，曬得我們唇焦額裂。棄舟之時匆匆忙忙所攜食物和飲水不夠，僧多粥少，未及中午已早就用罄。這時各人腹中空空如也，經歷一夜折騰，人人步履浮浮，頭重腳輕，身體坐下來就如爛泥般站不起來。實在走不動了，大夥找個蔭蔽的地方稍微休息。范康憋急了去找地方解決，不料去了不到幾分鐘卻見他提著褲子像發現新大陸似的邊走邊喊奔著回來："我地到左香港啦！""真的，是香港！哈哈哈！"

范康奔回來抓住我的手領著往回跑，大夥半信半疑的都跟在後面跑，只見范康領著我們走近山腰一處指著橫鋪在地上的水管，上面明顯鑄著凸字 HK 字樣。待每個人都俯身看清楚之後，突然一起爆發出一陣歡呼聲，情不自禁雀躍起來，一時間大夥沉浸在成功的歡愉之中，暫時將疲累忘得一乾二淨。我們擊掌祝賀、互相擁泣。

不久，又有更重要的發現：離找到水管不遠的地方，見到一所陋屋，裏面住有一位老者，老者問明我們的身份之後告訴我們，我們真的已經身在香港境內的新界流浮山龍鼓灘區域，並且非常熱心地指點我們通往市區的路徑，他又建議我們先往附近警局投案。

原來我們登岸的地點是九龍半島最北面龍鼓灘地區的爛角嘴，隸屬流浮山捻灣警署管轄。揮別老者之後，我們沿著他指點的途徑往東北方向下山，中途又遇到一位中年漁民，這位仁兄問明我們身份之後，直呼我們為"投奔自由的義士"，樹起大拇指稱讚道："真夠勇敢！全艇都是知青。我接待過的偷渡客不知多少，划艇過來的都有盲公竹（熟悉水路的漁民）帶路，你地自己攪掂還是第一遭！"我們聽了他的誇獎心裏難免有點飄飄然，可是對他說的"投奔自由的義士"卻有點不習慣。

這位仁兄果真視我們為同類，盛讚之餘，招待我們到他家裏飽餐一頓，才非常明細地指點我們通往差館（警局）的路徑。我們剛上岸就遇到這些熱心的同胞，心裏著實溫暖，自然心裏也踏實不少。一路上我們飽受驚嚇，前路茫茫，這候時受到老者和眼前這位漁民大哥的鼓舞，各人心中莫不百感交集。首先我們這些偷偷摸摸籌備起事的人在大陸被斥為"投敵叛國"者，在這裏首次被人捧為"勇士"，這種雲壤之別的待遇，化解了我們心中的疑團-香港社會是否接納我們這些被共產黨洗過腦的內地青年？！

飽餐之後，個個精神抖擻，一掃在海上被人吆喝的鳥氣，心中想著自己即將成為這塊自由土地上的公民了。告別那位恩公懷著緊張、興奮、喜悅的心情，三步並作兩步趕往流浮山捻灣警站投案。

警站的差大哥用了那位漁民相同的語氣當眾稱讚了我們，很快將我們帶到流浮山警署落案室，逐個仔細地登記，包括籍貫、出生、職業和黨派等等。尤其在問到有無參加共青團或共產黨時，非常認真和反覆查問，可見港英當局在政治黨派的問題上還是很敏感的。有個別夥伴將年齡報細了數歲，據說可以方便日後在社會上工作。

冗長的登記手續終於做完，警官特別向我們這批新鮮"阿燦"簡單訓話，我非常清楚記得他最後幾句是這樣說的："後生仔（青年人），香港有十足的自由，大把的機會，但並非傳說中的天堂。一切要靠自己腳踏實地去掌握自己的命運，希望你地珍惜呢個用生命搏取來的機會！"

數小時之後，我們心情愉快地登上了警用的"囚車"，被轉送到元朗警署，在囚車之中，一路上隔著囚窗飽覽了香港新界的景象：一切都很新鮮，鋪設細緻的柏油路，設計新穎的高樓，衣著新潮的行人，與中國本土的刻板、灰暗和陳舊形成強烈的對比。

元朗警局大樓在我們的眼中是一座頗為氣派的建築物，白色批蕩的外牆嚴肅有致，建築物正門飄著印有雙獅戲冠的香港徽號的旗幟，入門口處掛著英國女皇的肖像，我們抵港不久之後便學會跟著港人叫她做"市頭婆"（老闆娘）了。我們在這座建築物的囚房裏度過了踏上香港的第一夜，因為住的是囚房，我們尚未獲得真正的自由，心裏難免忐忑不安，一夜輾轉反側難眠。

第二天警官告訴我們："香港為法制社會，在香港的法律裏，你們屬於非法入境者，所以需要通過特殊的程式予以特赦，而且需要至少一位在港的親友或者團體的擔保，才可領你出去等候審核和面試，然後才給予合法的居留身份。剛才我們的夥計（同事）已經在登記時向你們取得各人的在港親友的聯絡位址和電話資料，並且已吩咐逐個通知他們，一二天內將會到此接你們出去，所以大家毋須顧慮，安心等候。"末了他還補充一句："那些在港無親無故者，我們也安排了教會或明愛中心人員接待和幫助你們。"

囚房用鐵欄間隔而成，每間囚房約50英尺見方，可以"囚"5-10人，此時囚房之內大部分為從大陸逃港的"義士"，警官態度很友善，對我們有說有笑，相當溫馨輕鬆。晚飯是西式的，裏面有一塊小牛排，室友笑稱，來港坐監亦"鋸扒"（吃牛排），如果這種伙食在大陸，我寧願食一世這樣的"皇家飯"了，引得大家哄堂大笑。第二天早上早餐吃的是牛奶麵包，也令我們覺得新鮮有趣，從來未曾嘗過牛奶的我，喝了第一口，不知是否心理作怪，雖然牛奶並無味道，此時卻覺得此物香甜無比。心想：牛奶這東西在廣州可不簡單，需要配給的，有身份的幹部才有資格喝到，香港怎會連牢房亦有供給，此間豈不是真如傳聞所說的人間天堂？

在元朗差館被羈留這段時間並不難過，只是每位"囚犯"還是心裏焦急，引頸企盼親友早一點來臨，畢竟這等的是跨進自由社會的最後一步!

天下巧合的事情並不多,可是我們抵港第一天就遇到了:我們在元朗警局"入獄"不久,被分配到地下近入口的因室,尚未入住,走廊盡頭的囚室就傳來一個熟悉的聲音:"范康,涂斌!我系呢度,我系楊中啊!喂,呢度呀!"我們萬分驚訝地朝著聲音來處轉頭望去,果然見到楊中同學從囚房的鐵欄中間伸手向我們大叫揮手示意,樣子高興得不得了。正是他鄉遇故知,萬萬想不到這種冒死犯難的事情,竟會同一時間到達彼岸的,不可多得也不可思議。

原來楊中和另一位同學章先立受到我竟會單人匹馬帶頭從惠陽"起事"的感召,(他們事後告訴我,連你那樣表面一派文弱的人都敢做的事,我們為什麼不能仿效和去掌握自己的命運?!)他們分別結夥從任中落戶的東莞大朗山起程,翻山越嶺,經歷六七天的晝伏夜行,再花5、6個小時徒手泅過深圳灣,楊中早我們一天抵達香港的新界。

但是,楊中說,同行三人中僅他一人幸運到達目的地,其餘二位同伴,由於在到達寶安蛇口海邊準備下水泅渡之前被邊防軍發現和追捕,在軍人放出狼犬追捕,亂槍掃射底下各自逃命,任中幸運跑脫及時跳入海中,逃過追捕。其餘二位則下落不明,生死未卜。陳述間楊中禁不住悲從中來,眼中滿含了淚水。

由於巧遇楊中於"獄中",如此算來,我們在廣州同一個學校高中同班同一天逃抵香港的計有六人之多!也算是另類記錄了。可見千百位不滿自由被剝奪的青年正循水陸二路,不畏艱險尋找自己的理想,我頓時感到了吾道不孤。

楊中早我們一天到港,所以早我們一天出獄。雖然我們是鐵定可以出去的,但看到楊中的弟弟楊大(楊大也是循任中差不多相同的路線泅水來港,先楊中幾個月抵達的。)來領他出去的高興模樣,心裏還是蠻羨慕的。

二天之後,我們這六個人,終於全部呼吸到真正自由的空氣,並且在分手時約好聚會時間、地點。

聚會哪天，我們都不約而同地穿上了可能是全香港最土的那款西服，可是我們卻都覺得蠻神氣的。我們一起乘天星小輪通過維多利亞海灣抵達港島中環，再轉乘有軌電車，坐在電車上層從中區去西環、再從西環到肖箕灣，看著街道上摩肩擦背、熙熙攘攘的摩登中西人群，飽覽了有"東方石屎森林"之稱的港島市容，興高采烈地分享了各自抵港以來"劉姥姥逛大觀園"式的各種新鮮糗事……

若干年後，我們 6 位青年之中的 4 人又從香港移民到了美國。我們不管留在香港的或是到了美國的，大家都非常努力工作，因為在外邊彼此都並沒有很多親朋至友，也沒有高學歷，為了生活都得去做了類似建築工地、餐館廚房、衣廠雜工等粗活，後來也都積蓄了錢嘗試去做小生意，有成功也有失敗的，但是卻都很愉快地生活，努力地工作，成家立室、衣食無憂，而且都是把兒女送進大學去受到很好的教育。其中志佑比較年幼，赴港之後在香港培英中學繼續學業，雖然在文革和農村荒廢了多年的學習，但是苦讀之下急追上去，不久還爭取到美國加州大學的入學資格，最終在知名的加州大學伯克利分校取得碩士學位。我在香港 5 年白天上班，晚上上夜校補習和進修英文，也報讀過香港中文大學校外課程，移民美國之後進入商界。

逃 亡

——生命的代價

志　佑

　　中國南方5月底的氣候已經非常奧熱，中午的氣溫高達攝氏30度左右，刺眼的太陽高掛在只飄了幾朵白雲的天際。村民阿貴和世維一前一后踩著自行車，正在從中山縣沖口村前往南朗墟的路上。黃泥路凹凸不平，車子顛簸得很厲害，偶爾經過的大貨車揚起的塵土撲面而來。鳴坐在世維的老舊鳳凰牌自行車的后座，緊緊抱住他的腰，儘管世維的身上一直往下淌的汗水味有點刺鼻，她一點也不介意，世維的衣服被汗水濕透了，和鳴的黏在一起。這時候世維感覺得到她的身體微微有點顫抖，知道她一定是心情有些緊張，扭過頭來看看鳴，輕聲安慰她："不必害怕，有我在！"她向世維苦笑了一下，點了點頭，猜她的意思是：我還可以，不必擔心。不過世維知道此刻他自己也和她一樣緊張——畢竟這是我們人生路程上的關鍵時刻。剛好一陣風迎面吹來，讓世維精神一振，這時候阿貴的車子已經跟世偉拉開了一些距離，他馬上卯足力氣追趕上去。

　　鳴是世維的女朋友，廣州市執信女子中學的高材生，五官清秀，有著勻稱的身材，是執信中學的校花。他們是在文革期間參加廣州旗派活動的時候認識的，由於同屬一個派別，彼此的出身都不好，屬於"黑五類"的階級成分，觀點自然相近，在活動期間經常在一起，從互相幫助到互相傾慕，很快就交往成為男女朋友。

　　1968年底，廣州的所有中學學生都被下放到海南島和其他農村強迫去務農了，世維和鳴想辦法（稱病）躲過了流放農村這一波運動，在廣州流浪，沒有工作。他們的父母都在文革的時候被批鬥得死去活來，鳴的父母是國民黨時代廣東省豐順縣的大地主，很早就被單位趕回家鄉受"改造"去了，世維的父母也屬於城市小資產階級，批鬥以後仍然受到單位監管。正當大家非常沮喪、苦無出路的時候，傳出世維學校被下放到番禺的很多同學在到了番禺農村一二年之後紛紛想辦法逃到香港去的消息，這對於他們來說無疑是一種刺激和鼓舞，經過一番考量，與其在沒有自主的環境下面屈辱地生活，不如放膽一搏，爭取改變自己的命運。他們決定跟隨他們的腳步，暗中打聽投奔自由的途徑，一面偷偷苦練游泳技能。

　　終於在 1972 年的夏天，世維的同學明德告訴他們一個好消息：他的一個下放到珠海南朗東坑村的同學答應幫忙，可以安排在當地接應他們並且送他們"埋堆"（當時偷渡青年上山啟程偷渡的術語）走幾天的山路，從珠海東邊下海游泳到澳門。從珠海至澳門需要游過一段內海路程，少則 2-3 個小時，多則 5-6 個小時，因海潮漲退而異。當然需要避過哪裡布滿的邊防軍崗哨。經過世維和明多次討論，最後決定冒險一搏。在將近一年時間的準備，他們想辦法弄到 2 個籃球內膽，2 雙實用的膠鞋，指南針以及一些用具，把朋友告訴他們的路徑牢牢記在腦里。

　　接近下午 3 點的樣子，已經抵達南朗公共汽車站，找了一個單車保管站把二輛單車存好，阿貴領著世維二人隨著其餘的乘客魚貫登上從南朗至珠海下柵的一輛破舊的公共汽車，剛剛上車世維就發現有駐車的民兵，雖然阿貴上車之前已經吩咐過他們如何應付，但是鳴還是有點緊張，世維輕輕安慰她："沒有事的，有阿貴在，不管他們問什麼都讓我來應付。"有了世維這句話，她的情緒才稍為放鬆，世維也略鬆了口氣。很快汽車就開動了，民兵也逐一檢查乘客的證明，輪到世維的時候其中一個中年的民兵瞪著他，這個人腰間插著一柄手槍、穿著老舊的解放軍軍服、滿臉橫肉、兩眼冷森森的，顯然看出來世偉他們不是本地人，用像逮到了嫌疑犯似的語氣問道："去珠海干什麼的？！"世維很冷靜地答說探親戚的。"親戚在那一個公社？什麼關係的親戚？有沒有證明？"他不等世維回答完畢就連珠炮的發問，世維剛要掏出早就準備好的偽造證明來的時候，阿貴馬上接著在旁邊跟這個人說，"他是我的表哥，我媽住在下柵東坑村。"那滿臉橫肉的傢伙見阿貴是本地人又跟世維是同一伙的（剛才已經檢查過阿貴的身份），瞄了一眼世維的證明紙悻悻然地離開去檢查下一位乘客，世維和鳴也頓時鬆了口氣，世維和鳴隨即交換了一個眼神把頭都扭過去看車窗外面的景色，刻意避開同車乘客（看起來都是本地農民）"警惕"的眼光——他們都因為那傢伙對我們的盤查而在打量著我們倆。這下子世維就明白朋友交代的事情了——廣東邊境的居民大部分受到政府的教育，尤其是所謂的貧下中農們，對外來人口非常警覺。

這樣過了漫長難熬的、顛簸的二個小時路程，終於抵達了下柵站。下車的時候阿貴故意提高聲調對我說："表哥，姨媽她老人家會在家煲好湯等我們，不要耽誤時間！"一邊說一邊拖著世維二人往旁邊僻靜的路走去，目的是以免節外生枝。

緊接著他很快找到三個好朋友騎單車把世維三個人送到東坑村，順利地找到明德的好友李義同學，一個個子不高卻很結實幹練的青年人。世維跟李義素未謀面，今天是第一次見面，他顯得非常熱情，他一面招待世維二人坐下來，一面安慰他們不必緊張，他看得出來世維二人神情中間透露出來的那份焦慮。他說，"你們來到我這邊就放心好了，很安全的，我跟這邊的生產隊裡面上上下下關係非常好的，他們從來不會難為我的朋友的。你們已經是我一年來協助'埋堆'的第三批人了，經我幫助的朋友們，好像運氣都不錯呢，二批人順利抵達彼岸，其中一批雖然沒有成功，卻也能夠全身而退，所以，你們也不例外，我會等你們的好消息。"

本來按照計劃，世維是在這裡過一夜，第二天晚上才啟程的。但是李義建議今天晚上就動身，因為今天晚上天氣清朗，月明星稀，最適宜翻山越嶺,根據天氣預測下來幾天還能夠保持,就應該爭取利用,因為南方沿海的天氣變化無常,說變就變的。

李義居住的房子地處村子的偏遠地帶,背靠山頭,太陽一下山,這邊就極少人走動。李義為世維二人準備了一頓極為豐富的晚餐,有自己從河裡面打的小魚,自己養的雞,自己種的青菜,四個人圍在小木桌上,李義和阿貴小小喝了一點白酒,阿貴席間借著酒意忽然話語多了起來,舉杯說道:這一杯預祝維兄維嫂此行順風順水,平安抵達目的地!看到你們可以沒有牽掛地"著草"(廣東話的流行語,意即"逃亡"),不瞞你說我真的很羨慕,就可惜我上有高堂下有一雙年幼兒女,又是地主仔身份,不敢呀,唉……來,干一杯,維兄到了香港地,他日發達了別忘了我們這些兄弟啊!說完二眼泛著少許淚光,他那通紅的臉上露出一絲苦涅笑容,阿貴的廋削的臉龐布滿皺紋,比真實年齡衰老很多,看得出來阿貴這些年來在鄉下受了不少的苦……作為一個"地富反壞右分子"的後代,在農村生活和工作,那種艱辛和苦況實在不足為外人道,在送世維的路上,他吐露了一些。這些年農村的收成從來就沒有好過,土改、三反五反、大躍進三面紅旗、三年大饑荒,連同剛剛過去的文革都沒有讓農民有好日子過過,他說人們都很納悶,在珠江三角洲這種富庶的土地上,居然連年歉收,連被尊為所謂的領導階級的貧下中農都沒有足夠的糧食過日子,我們這些黑五類就更不用說了。還有,日子苦一點反正大家都一樣還容易捱過去,最難忍受的是精神上的折磨和尊嚴的被侮辱。在農村,自從所謂新中國成立以後人分三等:貧農佃農是第一等,下中農是第二等,地富反壞右是第三等;打從我們懂事以來各種政治運動就沒有停止過,每次運動一來,我們屬於第三等的人們就別想有安寧的日子,父母被批鬥的時候我們就得陪鬥,期間子女都屬於被監視的對象。平常村中誰幹了壞事,首先被懷疑的總是我們這些人。每天我們站在曬穀場上等候分派工作的時候是最沒有尊嚴的一刻,好的工作譬如開拖拉機、捕魚、看管畜牲等比較輕鬆的工作統統首先讓貧下中農和他們的子女給占去了，等而下之，到最後，一些下賤、粗重的工作就派給我們這些所謂的地富反壞右分子和他們的子女們，比方說掏糞、挖魚塘、挑土等重活……父輩他們還能夠忍受，我們憑什麼要受這種羞辱和不公平的對待？！我的妹妹長得比較清秀可人，前二年有一天傍晚在甘蔗田裡面就被生產隊長無良的兒子污辱了，我爸還強壓著我不準出頭，你說讓我們怎麼忍受得了？！看他臭小子洋洋得意的樣子，我好幾次想操刀把他給砍了！想想家裡的親人，只好忍下來，妹妹和媽媽也只好常常在家裡抱頭飲泣，暗自流淚……

這時李義看看氣氛不對，過去安慰阿貴說，"維兄維嫂還不是為了這個原因逃走？來，走掉一個算一個！維兄，希望阿貴這番話給你們添加動力吧，此行路上艱巨，最少有個3-4天的路程，中間險阻不少，不能輕言放棄啊。記住，要夜行晝伏，選山路走，白天儘量休息，恢復體力。這二天月色很好，晚上正好疾行。"

李義一邊吩咐世維，一邊收拾桌上的餐餘，嘴上在念："大風起兮易水寒，壯士一去兮不復返！"他說每次他送朋友都以此勉勵之，胡謅的，笑言后一句是不希望他們被抓回來，能夠順利抵達彼岸。世維聽罷感覺到悲壯的氣氛，畢竟快要啟程了，都不免有些緊張。

世維開始收拾行裝，細點準備的物品和乾糧：球膽、指南針和食物是必不可少的，手套（因為匆忙，只帶了一雙）、一只父親給的很舊的上海牌手錶、一套準備給鳴替換的衣服、二個舊軍用鋁製水壺。點清楚了之後，將手錶帶上，指南針揣在懷里，其他東西統統塞進背包裡面去背上。李義兄和阿貴把世維送至屋子後面不遠的山邊，李義向南邊指著月色下延綿不斷的小山丘，和接著後面的大山告訴世維："一定要向東南走山路，過了前面的白沙嶺山林後面就是香洲平原，你們一定要爭取在晚上走過去，天亮之前找個山頭藏起來，等天黑之後再趕路。避開有村莊的地方，白天就找最高的隱蔽地點休息，路線圖你早已經熟讀了，我就不再啰嗦了，趕快爭取時間上路吧，一路保重哦！"二人向他倆依依揮手告別，往山上走了快 10 分鐘了才依稀看見他們往回走。

　　對於他們二位的恩義，世維是非常感激的，到港以後常常在夢中想起他們。直至幾年后和李義在香港重逢的時候，一見面世維和李義就緊緊擁抱住對方而彼此熱淚盈眶，那種生死重逢的感覺，讓世維記憶尤深，然後彼此仰天大笑慶幸大家都能夠獲得自由。此後，不管李義有什麼困難，只要世維知道的，都盡可能幫助他。

　　剛剛上山的路上，世維和鳴拔腿狂奔，從晚上九點至深夜 12 點才累不過停下來，也不知道走了多遠，只想儘量多趕些路。二人在一堆矮灌木林中的一塊大石頭上坐下來休息，喝點水，盤算下一步該怎么走下去。這時月正當空、繁星點點，皓白的月色灑滿樹林之間，周遭鴉雀無聲，萬籟俱寂，彼此的急促的呼吸聲清晰可聞。從山上遠眺，逶迤的山巒與被月色照出來像閃爍銀帶一樣的河溪縱橫交織成為一幅世維從來沒有欣賞過的圖畫景色，心裡不禁贊嘆：多么美啊！可惜，這么讓人留戀的生我育我的秀麗祖國山河，今夜卻要想拼死離你而去！

　　啟程第一夜，精力比較充沛，總想多趕些路，所以才休息了片刻，就又繼續上路，

　　現在所在的山頭不小，要翻過它至少得用一整晚的時間。翻過去以後就是一個約有幾公里寬的平原地帶，世維二人稍稍休息了一會就鑽進山林裡面，避開正常的山路，艱難地攀爬，蛇形前進。世維一路極力為鳴開路，扶著她、有時候是背著她，這樣走走停停，走到天邊泛白的時候，已經抵達靠近山腰的地方，這時候已經是累到不行了。

　　世維挑了一堆長得有人高的灌木樹林，找到可以坐的石頭坐下來，這時候的鳴已經是上氣不接下氣，黃豆似的汗珠掛滿一臉，靠在世維身上。世維掏出小毛巾，輕輕地幫她拭掉額頭、臉上、頸間的汗水，心疼地吻了吻她的額頭問說："鳴，累了吧？靠在我這邊休息一會吧。"鳴抬起頭情深地看了看世維，點了點頭伸手抱緊世維的腰際

也問說：" 是的，維哥你怕不怕？" 言語間流露出一絲憂心的神情。世維一邊也檫掉自己臉上的汗水，一邊很堅定地回答她說：" 不怕，不用怕的。人家可以做到的事情我們也一定能夠做到，有我在，你放心好了。" 世維此刻表面很鎮定地安慰她，其實心里何嘗不擔心？世維自己心中根本沒有底！這望不盡的山林樹海，前路茫茫，哪裡才是目的地？

因為山林崎嶇，二人身上多處被樹幹石頭劃傷，雖然傷口還淺，也感覺陣陣刺痛。不過忍住不願出聲。下來的二天繼續有這樣的情形，世維采了些薄荷葉子用嘴嚼爛了檫在傷口上，防止傷口發炎，起初很痛，加上腳板起泡、關節腫痛，舉步維艱，感覺快要撐不下去了。要成功，必須咬緊牙關，支持下去啊！一路上和鳴不斷互相打氣。隨著身體的適應，慢慢也麻木不仁了，到了第三天，就開始習慣了。這時候世維明白到，當人有足夠的勇氣，有某種信念支持的時候，身體的機能會發揮神奇的超乎承擔的極限的功能的，後來在渡海的時候也印證了這一點。

才談了沒有幾句話，因為疲累的關係，不一會世維就靠在石頭旁邊的樹幹上、鳴也靠在世維的身上雙雙沉沉地睡了過去。不知道過了多久，睜開眼睛的時候已經是太陽高高掛在天空上了。世維趕忙看了看表，已經是第二天的上午快11點鐘。

和鳴一起站起來伸了伸腰、拍了拍身上的灰塵，往外面一看，馬上趕緊把頭縮了回來。

原來山下不遠的地方，有一群婦女正在耕種，他們交談的聲音也依稀可以聽見。

二人趕快往再上邊的樹林深處走去，找到一個認為比較安全的地方坐下來，肚子也餓了，從背包裡面拿出來一些粗糧餅乾吃，喝了點水。再伸出頭去看，那幫人已經離開了，大概是回家吃午飯吧。這時候看清楚一點，發覺背後來路上是一遍山林樹海，可見我們昨晚也真的走了不少的路程呢，心裡有點得意。

休息了一會,在樹林里再往外遠眺,這時候日正當空、萬里無雲、陽光照遍了大地,能見度非常的高,看過去山下是一片估計有十幾公里的平原,平原上的金黃色的水稻田往南伸延過去,然後又是一群山峰,這些山峰大概就是他們說的板樟山了,高度有幾百米,據說山上還有水庫,山的東面是海邊(珠江的出海口)。

世維在想,今天晚上必須走過這片平原到達前面這座山,白天在板樟山休息,第二天晚上再爭取翻過板樟山到海邊渡海至澳門。

世維心裡一邊盤算路程和時間,一邊在山腰來回用目測的方式向山下勘察仔細看看前方有沒有什麼路徑可供選擇。大約花了大半個小時的光景,確定了今晚的下山途徑,才和再鳴躲起來繼續休息,希望養足精神和體力以應付晚上的行程。

因為精神太過緊張,又是大白天,根本無法入睡,只好強迫自己閉目養神。這樣好不容易捱到傍晚,世維推醒正在沉睡之中的鳴,需要準備出發了。

這時候,太陽下山已經好一陣子,滿天飛霞與金黃色的水稻田構成一幅美麗的圖畫,遠遠可見農民扛著農具三三倆倆陸續收工回家去了。我們趁著落日的餘暉,趕緊下山,來到山腳已經天黑,正好接著上路。

二人避開大路,揀了一條比較不起眼的小路走,以免遇上夜行的村民;這條小路從東面抄過去前山,也比較近,結果抵達前山的時候,比預估的時間足足省了三分之一的路程。

一路上雖然是疾行也儘量不敢發出太大的聲音,默默無語、避免交談。這小路一邊是水稻田、一邊是甘蔗地,正好掩護了我們。

晚上月色不錯,可是泥土路面坎坷不平、坑坑洼洼的,一路上都是走得跟跟蹌蹌的。這樣走走停停地走了大約4、5個小時,忽然前面一條閃亮的光帶,世維心里一驚脫口而出:"那不是一條河嗎?"鳴也再定睛看過去,果然是一條小河,蕩漾的河水被月光照得一閃一閃的,她聲音略帶震抖地回答說:"是的,那怎麼辦?"世維馬上意識的此刻絕對不能夠膽怯,立刻定了定神說:"不怕,我們不是準備好了要渡海的嗎?這小小河流難不了我們的,來吧,我們趁時間還早趕過去!"

鳴被世維堅定的語氣所感染,信心徒然增加,二人馬上手拉著手疾步前進。不一會就來到河邊,世維把背包先交給鳴拿著,然後走下河去試試水深。走了十幾公尺的樣子,已經到了河中心,水深還不及胸部,趕緊回到岸上跟明說,"沒有關係,河水并不是很深,我們可以慢慢走過去!"

世維把外衣脫下來,統統塞到背包裡去,用手高高舉起在前面領行,鳴抓住世維的褲頭在後面跟著往小河的南邊涉水慢慢走去⋯⋯剛剛下水的時候,因為夜深水有點涼,都禁不住打了一個冷顫,但是畢竟是夏天,走了一陣子就適應了。

在過河中段的地方,鳴的腳下好像是被什麼東西絆了一下,身體向世維這邊倒了過來,還喝了口河水,幸好沒有被嗆到,不然發出聲音來不知道如何是好。世維馬上讓左手擎住背包,騰出右手趕緊迅速把鳴拉起來,可是鳴卻幾乎全身都泡在水裡面了。

大約半個小時就抵達南岸了。上岸以後世維本來要替鳴整理一下再上路的,但是鳴卻出乎意料的勇敢地堅持馬上繼續前進。她說,"我沒有問題,趕路要緊!我們必須預留時間,耽誤了日出之前趕不到山地就會有麻煩的。"接著抖了抖身上的水,鳴把頭髮往兩邊甩了甩,也不換衣服了,披上上衣就繼續趕路。又過了一個小時左右才來到前山地區。

這時候已經靠近天明時分,天也開始麻麻亮了。世維跟鳴說,"好驚險啊!如果不是挑了這條捷徑走,可能我們現在還在半路也說不定呢,天亮了還要趕路就麻煩大了!"二人禁不住抱著擁吻起來表示慶祝。然後趕緊快步往山上跑去,找到一個隱蔽的地點,準備把濕衣服換下來。世維先在樹林旁邊小解,轉過身來的時候正好看到鳴正在緩緩地將衣裳一件件褪下,露出姣好酮體,鳴的體態苗條而玲瓏有致,

朦朧晨曦下面像在展示一件上帝的傑作似的。世維看得一時間怔在哪裡，

真有跑上去好好親吻她的衝動。這念頭一剎那閃過，馬上警告自己：維啊，現在是什麼時刻？逃命要緊啊！就馬上轉過頭去匆匆把自己身上的濕衣服換下來，鳴很快地換好衣服也過來將世維的濕衣服和鞋撿過去跟她的一起找了旁邊的樹枝晾起來，然後讓世維坐在靠大樹的石頭上，她躺下來依偎在世維胸前，吻了吻世維說："維，我好愛你，可是今天我們太累了，我們都需要休息，嗯？"待下面還有沒說完的話時，人已經癱在世維身上了，他用手輕輕撫摸她的柔軟如絲的腰背時，很快她就睡過去了。世維很慶幸剛才沒有魯莽行事，否則……其實此時自己也累得不行了，隨著她的入睡，也靠著樹幹很快打起呼嚕來……

睡夢中突然被一陣凌亂的腳步聲吵醒，遠處的山路上傳來人聲，好像在罵人："操他娘！被他們逃跑了，這些叛國投敵的狗崽子，整天往那邊跑，恨不得有一臺迫擊炮，老子把他們轟掉！"世維馬上拖了鳴趕快將衣服收拾了躲進附近的一個山洞裡面。過了一會，聲音慢慢遠去了，二個人才走出來。這時候發覺已經是第二天的正午了，太陽火辣辣地曬在身上讓人感覺到它的威力。

剛才收下來的衣服已經乾了，二人就將內衣褲重新穿上，喝了些水，吃了點東西。

商量了一下，一致覺得應該現在趁體力恢復了走一段上山的路，爭取時間天黑前下山抵達海邊。明天晚上很可能是這次行動的關鍵時刻，多預留些時間總是有好處的。但是剛才山上明顯有民兵在搜索偷渡者，必須挑難度較大的路徑走，避開他們。所以二人一直以 S 形的方式在樹叢裡面緩慢前進，這時候山路又陡，樹林又密，中間遇到過毒蛇，又遇到過野獸，可都幸運地一一被躲過了。二人的手腳很多地方都被割傷了，好在都是皮外受傷，無礙二人以頑強的意志向前推進。世維把手套讓鳴戴上，儘量拖著鳴攀爬行走；可是大約在下午 2

點鐘的樣子，世維一個不留神連人帶背包一起掉到一個山坑裡面去了，差點連帶鳴也一起掉下去，就在這千鈞一髮的瞬間，她機智地抱住洞旁的一根枯樹幹，才免於不幸。這個深坑足足有4、5米多深，還好世維因為是腳下地，下去的時候手上拉住坑口旁邊的一根樹枝，緩和了許多下跌的勁度，只有膝蓋受了點輕傷。世維試著用兩腳撐著上去，卻奈何坑壁太寬了一點點，剛剛上去二步就撐不住掉了下來。這樣試了好幾次都不成功，這時候腳都軟了，癱倒在坑底地上。鳴也在上面急得哭起來了，探頭看世維的時候眼淚珠子般欶欶地往下掉在世維的身上。世維坐在坑底一邊休息一邊安慰她，"不要急，我們來想辦法，天天無絕人之路的……"

過了好一會，鳴沒有來看世維了，叫了二聲她也沒有回應，世維開始擔心她了，可是有什麼用？人在井底啊。正在乾著急的時候，鳴卻抱了一捆山樹藤回來，探過頭向世維大聲說："維哥，有救啦！我來試試這個東西！"說著，不曉得她那來的力氣，將山樹藤扭成一條長長的丟下來，另外一邊則把它繞在洞旁邊的樹幹上，用雙手牢牢地拖住，叫世維拉著樹藤攀上來。世維趕緊背起背包，抓緊樹藤，一步一步艱難地爬了上來，鳴看世維上來剛一站穩，就抱著世維一邊流著淚一邊親吻世維的臉頰，喃喃地說，"沒事了沒事了、嚇死我了，我的維哥哥……"二個人緊緊的抱在一起半天都捨不得分開。

好不容易翻過了東邊的山，但是隔了二三公里緊接著前面還有一個山頭，上了那座小山才是海邊（後來才知道這個小山是大埔山）。但是日間怎麼穿過二座山頭之間的地帶呢？世維發現山腳不遠的地方有一片甘蔗林一直延伸至海邊小山，可以作為掩護，馬上從山邊弓身小心翼翼地鑽進去，可是從甘蔗林另外一邊出來的時候，大家的身體已經被甘蔗的鋒利的葉子劃得傷痕累累了。為了趕路，緊接著登山，大約二個小時之後，忽然眼前一亮，前面不就是海洋了嗎？！從二人站的地方往東看去，離山腳不遠的地方，一片汪洋，浩渺而無邊際；海水藍澄澄的，正在慢慢下沉的太陽照射底下閃爍。

利用太陽下山的這段時間世維和鳴好好休息了一陣，醒來的時候體力又恢復了許多。世維站起來看了看表，望著天邊的晚霞跟鳴說，我們趁天還沒有黑之前爭取趕到山腳，等待天黑了穿過公路到海邊，好嗎？鳴點點頭撐著疲憊的身體站起來就要跟著走，世維看她現在疲累的樣子，心想：一個大城市的黃花閨女，才十幾二十歲，雖然家裡因為成分不好受過不少折騰，卻從來沒有離開過家。這幾天跟著我吃了這麼多苦，身體受得了嗎？憐憫愛惜之心油然而生，說："好吧，我們再休息一會，待感覺好一點的時候再啟程。來，坐下來，我來給你按摩一下腰肩和小腿，會舒服一點和幫助恢復的。"世維將她安置在一塊大的枯木頭上坐下來，先是蹲在前面幫她揉了一會小腿，然後轉到她身後準備幫她按摩背腰，鳴看著世維，眼里滿含湧上來的淚水，忽然抓住世維的手情深地吻了一下說，"維哥，謝謝你那麼疼我愛惜我，可是我們時間緊迫啊！我沒事的，為了我們的前途和將來，我支撐得住的，你放心吧。來，我們走！"她突然蹦的一下跳起來拉住世維就跑。世維也被她突如其來的堅強意志力所激發，跟在她身後一起小跑。

抵達山腳的時候，二人利用這段時間吃飽喝足水然後稍稍休息，世維也到左右了解了一下地形，挑好等一會上路的途徑。這時候天已經完全入黑，但是月亮還沒有上來，看了看懷錶，是下午 7 點 15 分，又看了指南針，在正西南方的地方，依稀可見一些建築物像是一座城鎮。隨著天空慢慢黑下來，那邊一片光彩。世維估計哪裡應該就是要去的目的地—澳門了。這時候鳴也看見了，興奮地用手指向這個方說，"是的，應該是了！"

可惜，現在不能夠直線堂堂正正地拿著身份證明走過去這個屬於中國的土地，卻必需偷偷摸摸地翻山越嶺，投入大海冒死花幾個小時游過去，你說能不悲哀嗎？

這時候真的不能夠下山走過去，直過去就是拱北關卡，那裡守衛森嚴，士兵如麻，等於送死。需要從東邊偏僻的海域下水，即使這樣也會遇上巡邏的邊防軍的。

世維和鳴都準備好了，互相鼓勵打氣然後向山下出發，在崎嶇的山林里走了大概有一個小時，走比較北面一點接近到靠海的地方。這時候大概離開海岸有 300 米左右，二個人弓著腰好不容易找到一個比較隱蔽的地點坐下來一邊休息、一邊等候適當安全的時機衝到海里去。

世維解開背包，把剩下的一些餅乾遞給鳴讓她吃下，然後又把路上摘的幾顆石榴分來吃了，喝了些水，可是世維把幾顆糖果保留在背包裡面。

蹲在這邊可以勉強看到靠海的一條通路的動靜，隔了大約大半個小時，有二個看起來像邊防軍的人走過，半個小時之後又往回走。世維判斷他們可能是按照這個時間表執行巡邏任務的，和鳴就決定等他們下一次來過之後就行動。這樣又過了一個小時，二個士兵真的來了，世維和鳴屏息著呼吸，等他們走過去之後，馬上把事情都準備好，背包扔到一堆草叢里，將裡面的東西放進一個塑料袋裡面用一根繩子扎緊系在腰帶上，世維和鳴各自將球膽吹漲。這時候已經是過了午夜。趁士兵往回走才過去 10 來分鐘，二人就弓著腰慢慢往海邊走去，這時候剛好有一片云飄過來把月亮擋住了，頓時夜色黑暗，世維暗暗慶倖，真天佑我也！匆匆趕到了海邊把鞋子脫下來系在腰間，又用一根大約一米多一點的細尼龍繩子一頭系在自己的腰間另外一頭系在鳴的腰間。正在剛剛要出發的時候，忽然一道探照燈的強光射過來，嚇得二人馬上趴下躲在一堆海边草丛裡面。過了一會看看沒有動靜，才一起往海裡游了出去。這時風平浪靜，正好出發，因為還在海岸邊的距離里面，二人儘量小心，不讓發出太大的聲音來，以免驚動岸上的巡邏士兵。游至離岸邊有差不多一公里多了，才敢停下了稍為透一口氣。不過，這邊的波浪比岸邊稍為大了。世維問鳴說："可以嗎？"她回答說可以。世維心裡頓時放鬆許多。這時候的海潮好像是向南方向流的，二人不太吃力就很快離開了危險地區，世維跟鳴說現在基本安全了,下來就要靠自己和運氣了,我們需要加油啊!鳴也同時鼓勵著世維。

　　世維和鳴已經在離開岸邊已經有大約一公里的海上了,從海裡向澳門方向看去,已經可以依稀看到一些建築物的身影和城市裡發出來的光環,二人準備以弧形的途徑游過去,希望在估計是中澳交界的地方離得遠些,再繞過去澳門的水域。哪裡是交界的地區呢?就算哪裡是澳門世維都不曉得!所以整個晚上,在海上繞了一個大圈,三個小時過去了,還下不來決心游過去岸邊,這時候世維和鳴已經明顯體力透支了,動作越來越慢,手腳發軟,風浪比起之前也急多了。世維將鳴拖到身邊,把二個球膽并在一起抱著,停下來休息,並且鼓勵她說,"我們快到了,不要擔心,休息一會再游!"鳴聲音很小地問世維,"還有多久?我們行嗎?"鳴顯然已經游不動了,世維這時候心里哪裡有底?只好回說應該不會太久了。此時經過 3 個多小時的游泳,不單體力消耗得差不多,肚子也空空如也了。正在憂心忡忡又餓又累的時候,世維忽然想起塑料袋裡面還有幾顆糖果和一點餅乾,趕緊把它弄出來,各自吃了,鳴的精神稍為好了些。決定從這裡往西南的岸邊斜游過去,不管是不是澳門都必須靠岸了。鳴這個時候已經游不動了,世維只好背著她,抱緊充氣的籃球膽,拼命往西邊泅去。不一會世維感覺到鳴已經整個人癱在他身上了好像沒有氣息的樣子,趕緊停下來用手撥弄她的臉,一陣子鳴才半張著眼睛點了點頭,世維才稍稍放心,跟她說:"你要撐住啊,馬上就靠岸了。"說完繼續拼命往前游去。二個人的體重,需要世維這個疲憊的身體負荷著,雖然拼盡了力氣只能夠蝸牛般前進。這樣又過了 30 分鐘左右,世維也感覺體力不支了,自己也慌起來,回頭看看閉上眼睛的鳴,急得眼淚泉水般湧出來。不能夠放棄啊!只差這一步了,世維對自己說。鼓起勇氣又往前游了一段。漸漸可以可見岸上遠方建築物的燈光了,這時候精神一振,動作又加快起來,雙腳拼命鼓水。

　　這時候黎明前的黑暗也過去了,天空慢慢翻起白來。

世維氣喘噓噓地在大海上繼續游著，好一會，看見靠右邊的一堆亂石頭的地點正打算慢慢游過去，沒想到岸上居然有一個人向他們招手！世維這時候已經疲憊不堪，正需要人幫助，就過去吧。可是，當世維靠近可以看到他穿的好像是在廣州曾經播放的香港電影72家房客裡面警察類似的服飾呀，會不會把我們抓去警察局然後遣返啊！想到這裡馬上又慌忙想往回游，沒想到這時這個警察從岸邊傳來慢條斯理的說話："后生仔，還去哪裡啊？看你們的樣子，力氣都沒有了，再往外面游會死人的！上來吧，我會幫你的，我叫369，雖然是澳門的警察，但不是來抓你們這些勇士們的，像你們這樣的年輕人我已經幫助過不知道多少了。"世維遠遠看看這個人，年紀在四十開外，瘦瘦的，中等身材，絡腮鬍子，看樣子是個老實人。也顧不得這麼多了，就吃力地背著鳴、一拐一拐地登上岸邊。369趕緊過來扶著世維和鳴坐下在石頭上，這時候鳴緩緩醒過來了，睜開眼睛就問世維："他是誰？"世維扯大嗓門說："他是我們的救星！我們到澳門了！"369接著說道："真可憐，夜半三更大風大浪游幾個鐘頭，能夠撿回你們這條小命已經算幸運了，真真佩服呀，唉，那邊的政府也是的，這麼多人逃跑……"

接著他又問了世維在澳門有沒有親人，世維回說有一個姑媽在，請你幫個忙通知一下好嗎？"當然當然，回頭我就去辦。"他馬上說道。"現在先給你們找個地方換件衣服、吃點東西吧，看你們都快不行了。你們在這邊等一下，我去叫輛車子過來。"沒一會兒，369就坐著計程車回來了，把世維二人接上車子開了幾分鐘的路程到了黑沙環街的一處民宅，計程車司機也不收車資，世維連連道謝。進去一棟很舊的二層樓房子的地下，在大廳坐下來。369先讓二人進房間換了衣服，再到隔壁店鋪買了些牛奶麵包回來讓二人填飽肚子。世維倆這時候真的感動得兩眼淚汪汪的，雙雙跪在369面前感謝他的大恩大德，他扶起世維只說趕快起來，"這沒什麼了不起，我只不過做了身為同胞起碼應該做的事情而已。"

過了二個小時的樣子，世維那 10 幾年沒有見面的姑媽就趕來這裡把他們接回家去了。

　　又過了一個月，姑媽出資幫世維找了人將二人"屈蛇"（廣東話，意思是用漁船將人蛇進行偷渡。）到了香港，從此開始了世維和鳴在自由社會的新生活。

生命有涯，自由無價

海 洋

　　愷祥從廣州乘公共汽車回到在惠州水東街的略為顯得破舊的老家已經是傍晚 6 點鐘了，落日的餘暉照在剝落了油漆的大門上，顯得有氣無力。但是屋子的少主人卻即使經過了長途跋涉，依然精神奕奕，吃過晚飯后馬上把從廣州帶回來的東西整理了一番，半躺在老屋的廳堂裡面的脫了漆的酸枝木長椅子上面，目光透過傍晚僅餘的光線慢慢審視破舊房子的每一個細節，這棟老舊房子是祖上 49 年以前經營陳紹記所擁有的數不清的房產的其中一棟，其餘的都被沒收了。這棟房子雖然是眾多房子比較小的，現在已經顯得有點破敗，但是從輪廓可見，以前也曾經是一棟頗有氣派的建築物，總面積有大概 4、5 百平米。随着視线落在一幅家人的合照上，思緒把他帶回到在這裡渡過的童年回憶去，心想，祖孫三代同聚一堂的快樂時光太短暫了，沒有幾年就各散東西、家破人亡，現在自己馬上又要離開父母遠走高飛，生死難卜，就算成功了，也真不知道何年何月才有機會回來，想著想著不禁淌下二行熱淚。

　　第二天是重陽節，文革之前很長一段時間，中國這些有千年傳統習俗的被新政府稱為"封建殘餘"的舊禮節已經被"丟進歷史的垃圾堆裡去"了，沒有人敢公開提的，但是在民間，還是有人偷偷地紀念和承傳。

　　到了中午時分，朋友陳瑩柏也從廣州趕過來和愷祥會合，愷祥早上在菜市場已經買好了一些青菜和小河魚，本來想買些豬肉做梅乾菜紅燒肉的，但是這時期肉類供應很緊張，菜市場的肉鋪一大早就空空如也,人們清晨就帶上政府按人頭配給肉票去菜市場排隊,往往只有前面的一小部份人能夠買到豬肉。愷祥於是多下點小魚,下廚做了一頓比平常豐盛的午餐,二個人狼吞虎嚥地吃個心滿意足。

陳瑩柏是在廣州認識的朋友,中學畢業逃避下鄉呆在城裡,和愷祥一樣是無業遊民。愷祥在去年在一個場合聽到幾個惠州老鄉在聊偷渡的話題,就走過去搭話,沒有想到居然大家志趣相投、一拍即合,結果經過幾次交流,很快就成為志同道合的好朋友,並且約定有好機會就一起"著草"(偷渡香港)。陳瑩柏就是其中一位,他長得人高馬大、身體魁梧,身高1米8以上,性格爽朗、是一個急公好義的漢子。

愷祥1966年從廣州33中學初中還未畢就業遇上文化大革命,停課以後直至1968年跟隨學校下鄉到了廣東省台山縣端芬公社。從小就有胃病的愷祥,到農村才一年多,就因為胃出血而動手術被誤診切掉小部分胃,回廣州休養了幾個月,醫生建議他不要從事太強的體力勞動,他遂向端芬公社和廣州市街道委員會提出回城的申請。可是因為不符合當時的政策,有關部門根本不予理睬,遞交的申請信函都數不清有多少了,皆石沉大海,渺無音信。但是愷祥契而不懈,經過父母在昔日在廣州工商联任常委的关系向有關部門打通关节,終於找到一個廣州相關部門負責人,在1972年批准他把戶口遷回到廣州市,但是沒有給他安排工作,回去馬上就成為無業遊民。在這期間,身體雖然逐漸恢復。但是在广州谋职,還是屢屢碰壁。中國正在鼓動青年下鄉的高潮,文革也還在延續,毛澤東和四人幫還在與企圖從他手上拿走權力的官僚系統纏鬥,極左思潮、意識形態、階級鬥爭的主旋律對這些階級成黑五类的青年極端不利,別說是子女分配工作,連父母的工作有時候也岌岌可危,在工作單位裡面一不小心隨時會被遣返農村的祖家勞動改造去而不需要通過任何法定程序的。二年下來,愷祥對於自己的前途開始擔憂。這時候在整個廣東省的知識青年偷渡香港的風潮正盛,在廣州的這段時間了解到,光是第33中學的同學裡面就有好些人偷渡到港澳去。這就激發了愷祥的冒險念头，認識了這幫朋友之後，自此走上了偷渡的不歸路。

跟著同一幫人，曾經在夏天企圖在淡水啟程偷渡香港，可惜才離開博罗縣城不到幾公里處，就受到民兵的盤查，費了一番唇舌才能夠脫身，於是只好折返惠州，再等候機會。

在惠州稍作停留，馬上就返回廣州。與同行的夥伴繼續保持聯繫，天天結伴到珠江游泳場練習游泳，有時候也從廣州白沙河長途渡泳至南海，鍛鍊體能和耐力。

1974年9月底的某一天，同伴之中的二兄弟周堡正和周炎伍突然來訪，跟愷祥說，年前他們倆曾經從惠州啟程偷渡經過了8、9天的艱難路程走到了大鵬灣海邊，因為被邊防軍的狼犬發現蹤跡才功虧一簣，被邊防軍逮著之後。吃了3個月的牢飯，被折磨得半死，去年底才放出來。現在身體基本上復原了，趁對於走過的路徑還有比較新鮮的記憶，打算在冬天來臨之前再作嘗試，前來試探愷祥有沒有興趣參加。

愷祥心想有這麼好的機會，怎麼會讓它溜掉？二话不說立刻就答應了，並且要求接納陳瑩柏一起走。二兄弟也很爽快地答應了，不過這次需要從愷祥惠州老家出發，因為他們倆的老家被街道委員會那些人監視得很緊，愷祥當下拍胸膛說沒有問題，我馬上去安排。

於是愷祥、陳瑩柏和周氏兄弟大家分頭各自去準備，約定在重陽節那一天出發。

下午剛過2點鐘，周氏兄弟就準時來到愷祥家。愷祥招待他們稍事休息，將今天啟程的一些細節交代妥當准備出發了。為了避免太過招搖，他們分為二批，一前一後；愷祥和炎伍一組領先，瑩柏和寶正殿後，第一站先順道到愷祥居住在附城的祖母家向祖母告別，并取回一些早就准备好的随身物件。

愷祥的祖母已經七十歲開外，雖然已經高齡，身體却非常硬朗，花白的銀髮底下臉透慈祥，說話優雅很有條理,，從老人家精致的五官輪廓，可以想像她年輕的時候是個大家閨秀美女。

愷祥的祖家在惠州，民國時代就已經是惠州城富甲一方的富豪紳士家族，水東街上有一半的物業是屬於陳家的。祖父和父親相繼管理家族生意陈绍记，在商場上雄霸一方。1949 年山河變色，他們和全中國所有的資本家地主一樣，歷代家財一夜之間化為烏有。祖父含冤去世，剩下祖母独居府城。父母親當年在廣州經營的分號，生意也被公私合營转为政府所有。

祖母見到幾個年輕人，看到他們這副行頭，知道他們肯定是要趕遠路的了。趕快招呼他們進屋坐下休息，從廚房取了些水果讓年青人吃，然後向愷祥了解他的近況，和此行的目的地。待愷祥把真實情況告訴她之後，老人家臉色陡變，馬上把愷祥拉進房間詳細盤問清楚。知道孫子去意堅定，就開始擔心他們的準備功夫了，很仔細地檢查了年輕人的所有物品。然後從家裡面的儲存裡面取出像紅薯乾、炒米餅等食物讓年輕人帶上。祖母平常最疼愛凱祥這個孫兒，自己都這把年紀了，孫兒此去凶吉難卜，即使他順利逃出生天，也相見無期，臨行時緊抱凱祥叮囑：" 祥兒，從這邊到海邊路途兇險，千萬小心，生命可貴，安全為上啊，說罷淚珠奪目而出，簌簌落在凱祥的臂肘。凱祥此時也知道和平常非常尊敬的祖母可能是生離死別的關頭，但也只有強忍淚水輕聲安慰她：嫲嫲放心，我們有四個人，路途會互相幫助的，我也會聽你的話以安全為重的。"

算準時間從愷祥家出來，乘坐公交車在馬安公社下車，步行至東江河邊，已經是傍晚時分，找了一個隱蔽的樹林水邊，迅速脫掉衣服，只穿內褲，將所有衣物塞進一個很大塑膠袋裡面綁緊，便樸進東江河裡面。4 個年輕力壯的小夥子，用不到 20 分鐘就順利抵達對岸。馬上又把衣服穿上繼續趕路。

當夜，四人上山之後在山林裡面一路狂奔，第二天天亮之前就抵達了永湖鎮東邊的山上，當晚在山林裡找了隱蔽的地方休息了一整天，晚上繼續行程，在翻過一座不太高的山嶺，天上開始下雨並且刮起風來，不一會，風越刮越大，狂風夾雜著雨水吹襲了整片山林，四個年輕人很快在風雨中成為落湯雞，只好急忙找到一個山洞躲避，還好，每個人都準備了一套衣服在背囊裡面，可以換上。黑夜中各人體驗了恐怖狂風暴雨的晚上，聽著山林的呼嘯和山洪的咆哮，一夜無眠。

狂風驟雨一直持續至第二天的下午才稍稍歇停（這個風暴當年是名叫伊蘭Elaine的2級颱風，10/23-10/31. 第二個遇到的是熱帶風暴菲爾Faye, 10/31-11/05.）此時大家也依次睡過去。及至夜幕降臨，凱祥第一個醒來，馬上喚醒同夥們繼續上路。附近的山巒高聳往南延綿不絕，黑暗中看不到盡頭，幾個年輕人看著心裏發毛，心想：如何才能走出去？周炎伍看出來大家的擔憂，說道："大家不必太擔心，我們上次就從這邊走過，我們可以挨著東邊的山腳走，雖然時間稍爲長一點，卻可以避免攀登山路的風險。"說罷領著大家順著山邊的小路前進。這一晚非常幸運，沿途沒有任何意外發生，天亮之前抵達群山的中段，趕在日出之前大夥登上半山的一處隱蔽地點準備休息。才剛鋪墊好準備躺下，周堡突然大叫一聲："糟糕，蜂窩！我被馬蜂針到了！哎喲，好痛啊！"他痛的抱住頭臉蹲在地上。緊接著一群馬蜂蜂擁而至，在四個年輕人頭頂飛舞嗡嗡聲大作。瞬間大夥毫無準備，各人抱頭四竄逃避，馬蜂緊追不捨。一時間每個人的頭臉手腳紛紛被馬蜂螫到，痛徹心扉，哇哇大叫。待離開原地遠處大夥停下來，此時各人彼此互望，人人頭臉紅腫，手腳也傷痕纍纍，傷口熾熱滾燙，各自用帶來的萬金油塗搽傷口，然而於事無補。不行了，大家都恨不得立即有冷水洗刷一下，於是一起往山下來時經過的山邊小溪衝過去。到了溪邊，大家脫掉衣服泡在水中，拼命洗刷傷口。冰涼的溪水稍稍減低了些痛苦，大家正在七嘴八舌埋怨周堡正為什麼那麼不小心弄到蜂窩的時候，不知道小溪不遠處已經有幾個民兵擎著槍正在向他們這裡悄悄包圍過來。等凱祥發現他們的時候已經來不及逃跑了，只好在乖乖就擒。

很快四個人被五花大綁押解到附近村子的一個房子裡面，由他們的領班進行審訊，四個人想想無法提供合理理由，直接招供了偷渡行為。接著民兵把他們松了綁關進一個泥磚結構的屋子裡面，將大門反鎖，等候明天送往附近鎮裡的公安機構聽候發落。這些民兵還算人道，一天裡面給他們送來了二頓飯菜。這泥磚砌的房子雖然破舊，卻有·非常牢固的大門，只有二個裝有鐵枝的窗戶。四個人剛剛進去不久就開始討論，既然還有一個晚上的時間，我們是否想辦法逃走？打門窗的主意看來是沒有戲了，有沒有其他辦法呢？討論了半天沒有結果，大家非常沮喪，面對送來的午飯也沒有食欲，勉強進食之後，因為折騰了一個半天，累極了紛紛躺在地下休息。凱祥也平躺了在牆角看著屋頂在發呆，心想怎麼會如此不濟？這時候被馬蜂的傷口還在發燙刺痛，怎麼也睡不著。突然，自己的眼光投射在屋頂的瓦片上，靈機一動，心裡有數了。他看看旁邊的陳瑩柏也沒有入睡，就輕輕挪近他身旁，把自己的想法告訴他。他看了看鐵窗和屋頂的距離，點了點頭認同凱祥的主意。於是各人醒來之後吃過送來的晚餐，就試著演練凱祥的逃獄計畫，一致認為可行。但是需要等候看守的民兵深夜休息的時候行動，於是各人屏息等待。直至午夜時分確定門外的民兵沒有動靜了，高個子的陳瑩柏踩著凱祥的身體爬上窗戶，再伸手探到橫樑上的瓦片，小心翼翼地把瓦片一片一片地揭開，弄出一個可以探身出去的口來，身手矯健的他很輕易就站到屋外去了，他站穩在牆頂的梁上，伸手把凱祥拉上來，接著是周氏兄弟。到了地上，陳瑩柏輕輕繞到房子前面，並沒有看到看守的民兵，於是四個人趁著月色迅速離開了村子，沿著原路回到早上休息的地方，找回衣物裝備，匆匆往山上跑去。

這一夜，四個人經過被抓的驚嚇，逃脫之後拼命趕路，黑夜中不知不覺地往偏東南的方向走去。天亮之前已經來到應該是三和附近的山嶺。感覺非常的疲累，於是在半山腰找了個地方安頓休息。三和這個地區多是崇山峻嶺，重巒疊嶂，天亮之後凱祥只覺得自己身在群山包圍之中。於是問同夥們：我們有沒有走錯了路徑？三位同伴面面相覷，都回答不出來，連曾經有一次失敗經驗的周氏兄弟也沒有答案。凱祥於是從懷中掏出指南針張開簡易的地圖指著淡水方向看，說："如果我們要經淡水往南從葵湧附近海岸下海，那麼我們明天必須往南方向前進，明天我們先想辦法走出這些片山嶺。"

幾個人討論完就各自躺下休息。

中午起來吃了點東西，繼續睡至傍晚太陽下山的時分才起來。

本來計畫以一個晚上的時間可以走出這山群的，沒有想到繞了大半夜，仍然似乎還在山谷之中。黑夜中在樹林裡漫無目標摸索著前進，披荊斬棘，上山下山，越是焦急越是找不到方向感，群山就像八卦圖，指南針也似乎失效了，折騰至天亮時分都沒有頭緒。這時大家疲累極了，只好在半山找個地方休息，等待太陽下山再說。

第二天晚上繼續在群山中折騰，始終沒有找到出路，在大家都快絕望的時候，凱祥忽然想到一個辦法，建議大家攀上最高的那座山峰，我們往下看哪裡有燈光就往那個地方走，管不得東南西北了，先走出這片山嶺再說吧。大家無計可施的情況下，也只好如此了。那高峰估計有好幾百米高，攀上峰頂將耗費不少體力，幸運的是及至峰頂的時候，果然往東南方向望去，隱約真的看到一些若隱若現的燈光，大夥不禁歡呼起來，佩服凱祥的智慧。

接著下來的四五天，每天晚上都需要面對路途的兇險，沿途披荊斬棘，也會遇到毒蛇野獸需要應付和搏鬥，在叢林裡面的崎嶇山路上只能緩慢地前進，每個人身上都傷痕累累，衣衫破碎，同夥們摔傷掉坑的事情天天都有發生。似乎同夥中間也從沒有人叫苦，彼此默默地互相幫助和鼓舞，估計是每個人心中希望脫離絕境的意志一直支撐著自己。

在通過了惠陽淡水西邊的比較矮的山嶺之後就是靠近坪山地區的平原，大家知道距離海邊大概不遠了。雖然長途跋涉了超過十天的山路大家都疲敝不堪，可是對於成功在望還是有些鼓舞的。

需要繞過坪山的民居地區，是頗費思量的。晚上月色之下大家儘量迂迴地前進，正當大家已經來到靠近海邊那座高山的村莊附近，天色已經微亮，大家為了趕在天亮之前到達前面山邊，以近乎小跑的速度奔跑。眼看著就要靠近山邊樹林了，沒有想到前面樹林小路突然有五六個人，中間好像還有人扛著槍枝。頓時大家都傻了眼，往回跑已經來不及，正準備四散逃跑的當下，對方有人擎槍大聲吆喝，站住！確實看到對方有槍的時候，凱祥小聲對同夥說，算了吧，保住性命要緊！

大夥此時也明白大勢已去，雖然心有不甘，也只好舉起雙手投降。

可是當對方走進自己的時候，他們中間有二位居然用純正的廣州話開腔問道："嘿，系咪廣州來架，偷渡呀？天都快光啦，重系路上走？"

凱祥他們只好認栽了，老實地跟對方講，"系既，走左成十日路，太疲倦了，走慢左。"老同，可吾可以放我地一馬啊？接著帶頭作揖，其他三人之中有人跪下。這時開口問話的二位聽口音像是廣州下鄉的知青忽然轉頭跟同行的同伴小聲用客家話嘀咕了一會，然後走近凱祥低聲說："點解甘吾小心啊，不過你地遇到貴人啦，我幫你地求情了，阿頭同意放你地一馬，快地多謝拒啦！"那位民兵頭目也走過來點點頭示意凱祥他們趕快離開，那位廣州知青還臨走不忘小聲告訴凱祥說："翻過這座山就是海邊了。"凱祥四人此時感動得眼淚都快要掉出來了，連忙對恩公們感恩作揖，快步離開，沖進前面不遠處的山腳樹林裡面。

這座山頭，應該是凱祥一路上遇到的最高的其中之一座了，費了半天的功夫才攀到半山腰，午間休息了一會這時候又開始刮起風來。傍晚之後，雨水夾雜風勢越來越強勁，到了第二天早上風雨比前幾天那風暴更加猛烈。狂風亂舞，呼嘯著橫掃山林，山洪瞬間從山上咆嚎而下，雷電轟鳴不斷，躲進山洞的四個大城市出來的年輕人從來沒有見過這樣驚悚的大自然的恐怖景象，各人靜默無語，屏息坐在地上等候風雨趕快過去。臨時躲進來的山洞比較淺，不足以遮蔽狂風暴雨，每個人的衣服都快濕透了，十一月初的氣溫已經是20度以下了，低溫底下每個人都冷得不斷顫抖，周氏兄弟撐起隨身帶來的一塊塑膠布，大家勉強遮擋雨水，儘量靠在一起互相取暖。

山上躲避到了第三天，風雨才逐漸離去。趁風雨稍歇，大家就開始攀過山峰，半夜從山峰往南方遠眺，隱隱看到西南海上的島嶼連接大陸的地區一圈光環，周氏兄弟說，哪裡就是我們的夢想之地香港了。眼看成功在望，目標垂手可及，交談中大夥都禁不住血脈僨張，興奮莫名。於是趕緊下山，天亮之前已經來到山腳找到一處距離海邊比較近的隱蔽地方藏起來休息，計畫夜晚作下海的最後衝刺。

感覺特別漫長的白天終於過去，紅日漸漸墮下到水平線去，月牙也慢慢攀上半空，影子在海面趨於平靜的波濤中晃動，鱗光閃閃。凱祥一行四人躲在葵湧地區西邊的海岸的灌木林中屏息等待，食物和隨身東西都在13天的漫長路途中幾乎耗盡了，最後時刻匆匆將拼死保存最重要的球膽等關鍵物品整理好，趕在出發前的一刻把剩下的食物儘量吃進肚子。終於確定周邊都沒有人的那一霎那，快步走向海邊，撲進大海。趁著月色，由周氏兄弟在前引路，陸續跟在後面向東南邊隱約可以辨認的東坪洲島快速遊去。開始的一個小時，海面還算平靜，所以很快就遠離了海岸，判斷應該相對安全了。各人開始停下來稍為休息，並且小聲交談，大家都估計大概三四個小時應該可以抵達目的地的，心情開始稍為放鬆。不過當大家稍為慢下來，便感覺到海水刺骨的低溫，其中陳瑩柏身體失溫比較嚴重，大家只好繼續以較快的速度前進希望可以維持體溫。這樣遊了不到半個小時的光景，海面開始掀起起了風浪，凱祥吩咐大家儘量聚在一起前進，以免被沖散。然而風浪越來越大，過程中一個巨浪打過來四個人被打的四散，之後就再也集中不到一起。凱祥遠遠隱約看到周氏兄弟在很遠的前面，陳瑩柏則不見蹤影。凱祥試圖在周圍海面搜尋，都沒有結果。惡浪當前，凱祥怕失去追趕周氏兄弟的機會，只好放棄搜索，拼命以自由泳方式衝破重重浪濤，把自己跟周氏兄弟的距離拉近。這樣在黑夜之中的大鵬灣裡面，和惡浪搏鬥了約二個小時，風浪的勢頭才慢慢減弱。凱祥這個時候也漸漸感覺體力不支，寒冷的海水刺骨透心，抱住球膽在一邊喘氣一邊在海面搜索同伴的蹤影。好不容易，看見大概有二百米的地方似乎有二個影子在海面載浮載沉，而二個影子的前方是一個島嶼的巨大身影，於是鼓起剩餘力氣拼命向影子方向遊去，20分鐘左右，凱祥終於和周氏兄弟回合。但是看到的是周堡正原來是在水上拖著弟弟前進的，弟弟此時已經不省人事昏迷過去，哥哥本來還可以拖著弟弟前進，如今只能背著弟弟扶住二個球膽慢慢划水。看起來弟弟已經氣若遊絲。即使這樣，周堡仍然顯得意志非常堅定，一邊慢慢前進一邊還鼓勵凱祥，以斷續的話語安慰凱祥："你看到前面島嶼嗎？這個應該就是東平洲了，我們無論如何堅持住！"顯然凱祥現在也快撐不住了，四肢酸軟麻木，不太聽使喚了。當聽到他的鼓勵之後，頓時想起母親和祖母，想到前二天遇到抓放自己的恩公們，明明是祖先在天之靈保佑自己啊，我更加不能在關鍵時刻放棄的。於是繼續鼓起勇氣划動手腳，三個人很快就靠近了前面的島嶼海灘。周堡正用盡最後的一點力氣將弟弟拖上岸邊便癱倒在地上，凱祥才踏上陸地也虛脫昏死過去。

三個人醒來的時候，已經是中午時分，躺在一戶島上的漁民家裡面。

經過漁民的幫助，三人第二天就順利被送到香港元朗警察局，二天後終於跟親友見面，正式獲得自由。

可是，陳瑩柏卻自此沒有了下落和音訊，成為凱祥一生的痛。

廣州第33中同學莫習斌

海強學長，我卅十三中同學叫何習斌，我返大陸亦搵唔到佢（找不到他），問佢家人，個個都默不作聲，還問：你幫忙搞清楚，有沒有搞錯姓？

光頭：是莫澤彬，不是姓何！姓何是何國慶，是莫同班同學並一起下鄉，在端芬公社大江大隊，一齊下在同一個生產隊。上次我們一起聚茶。照下相片，並答應我去莫家取得莫的相片，但沒有下文！何或者你會認識何，他住烏龍崗頂。

莫當年是住在廣州南華西街德源坊，讀西柵南小學，當年我們曾在海棠公園後面的，所謂小年宮同一個攝影班。

斯人已去，幾十年了！

莫澤彬，三十三中66屆三六班同學，68年下鄉臺山端芬公社大江大隊，家住海珠區南華西街。他該是七一年起錨，雖然像其他人一樣，他從未向別人透露過這些事，但同學們都知道他會去督卒（廣東知青以此暗指偷渡）。

而這之後，就再沒有任何同學再聽到過莫同學的訊息，不管是廣州、臺山及有人向香港方面向已經到港的同學打聽，都未有任何莫的音訊，總之就像是消失在空氣中，當然家心中都有不祥的預感，他應該是似其他卒友（對偷渡者的匿稱）一樣死去！但怎樣死去沒人知道！

幾十年後，致2016年我回穗興同學聚會，才真正知道莫是怎樣死去！

原來莫行"展局"（駕駛小木船偷渡），共八人，不幸在珠江口被巡邏的老民（民兵）發現，莫及其餘的六人都是在珠江邊長大，水性了得，馬上跳入江中企圖逃跑，而民兵則是馬上開槍，七個人死在水中。沖出大海，連屍體也沒有留下！剩下其中一人因為水性不好，沒有逃船，嚇到傻了！

幾十年後，生還的人才有機會將當年這個慘劇告訴其他的家人！而剛好莫當年共同落隊的一個姓何的同學，一次在路上遇到莫的舅父，將此事告之，大家才知道莫是如何死去！

似莫同學這樣的遭遇，在逃港途中被開槍打死，爬山時跌死，被毒蛇咬死，及海中鯊魚咬死，海中溺死！不知有多少，當年我四個同伴偷渡，游往香港東平洲島的途中，就失蹤了一個，當時是11月下旬，水中太凍，相信也是死在海中！

如果我們沒人將他們的遭遇告訴世人，他就像在空氣般消失，似我莫澤斌同學的遭遇，沒有人會知道這樣的七條活生生的年青的生命就是這樣失去！

記得一個名記者曾對似這樣罔顧生命的事件說過這樣的一句："人血不是胭脂"！我們．主張建立紀念碑，就是為逃港途中死去的難友一個永遠的記念！

我是一隻小小鳥

細 民

　　一九六四年夏天，我在廣州三十三中學初中畢業，考進了廣州市化工職業學校，我很高興。

　　為了我報考職業學校的事情，我的班主任洪老師（我尊敬的好老師，一日為師，終身為父。）特別與我母親見面，反對我上職業學校，希望我能夠去讀高中，進大學。但是我很清楚自己的事情，一個黑五類子弟，在當時的大環境下只能是夢想。我只想學一門手藝，留在城裡，這樣的想望應該不算太高。

　　很開心在化工職業學校渡過了一個學期，一天我被請進了校長室。校長黃耀強先向我說了一大堆什麼革命之類的廢話，跟著說：現在是組織考驗你的時候了！現在國家需要一批優秀的青年去支援農業建設，你很幸運被選中了，這是你的光榮。我問：

　　如果我選擇不去，還可以繼續留校嗎？他回答：既然你不服從組織的決定，組織就不能留你在學校，已經最清楚不過了。我只能"選擇"服從組織的安排──離校下鄉！接著黃校長假惺惺地"安慰"我說：下鄉並不是學校不要你，你以後還是學校的學生（後來，文革到來，我們就以此為理由要求回城回校。）。

　　我的學生時代就這樣結束了，很不甘心，很無奈，命中註定！

　　很久很久以後，我有機會參觀臺北的孔廟，看到大門上寫著："有教無類"幾個大字，想起少年時代求學權利被無端剝奪的往事，鼻子一酸，眼淚就掉了下來。

苦，心苦

一九六五年二月七號早上，我們告別了廣州。車子漸行漸遠，回頭看窗外，見母親孤單站在微雨中，久久沒有離去。眼淚就要淌出，慌忙回頭，腦袋一片混亂，很多的為什麼？背負地主成分的我真的沒有享過一天地主的福。

經過七個小時的車程，老舊的汽車把我們這群被黨"處理"的黑五類子女，帶到了恩平縣大槐農場。我們化工學校十三男一女被分配到農場的橡膠隊，好荒涼的地方，周圍幾公里都不見人煙，連樹也不多。倒是晚上的明月和繁星很美很美，美得讓人心碎！令人蒼白！令人無語！

橡膠隊，當年是省農墾局橡膠北移的試驗場。隊裡，有我們十四個人，一個華南熱帶作物學校畢業生，一個湛江某農場的橡膠技術員，十個比我們早來幾個月的廣州洪德街的街道青年，和幾個當地農民。每天的工作就是開荒築梯田，打穴，下種，育苗，嫁接，移栽。開始時很辛苦，脫了幾層皮，慢慢習慣了就不覺得怎麼樣。最主要的是沒有黨的領導，全隊只有一個三十歲的共青團員。一到晚上，一片漆黑，萬籟俱寂。日子真的不能這樣過下去！

在蚊帳油燈下，我翻開了課本。一年時間，我把高中的語文和數理化讀了一遍。我們還訂閱了多本雜誌，文學科技的都有。那個時候我已經知道：光纖，變色體（基因）改造等知識。工餘時間，自己還做了些植物物長期的記錄。如在不同方向，不同高度，不同溫度，不同雨量的生長狀況，生活倒也過得輕鬆愉快。

但是好景不長，大隊的支部書記要來落戶，天天晚上都要學習，改造思想。一天，要為柑橘苗下肥。用的是我們自己的糞便，雖然蓋了一層草木灰，感覺還是很噁心。去到地裡，左手提著竹箕，右手拿著一根樹枝，小心地把糞撥到每棵樹下。晚上開會了，支書很嚴肅地說：資產階級的作風臭還是無產階級的糞便臭？

第二天繼續下糞，硬著頭皮用手輕輕撥下，收工之後吃飯前用肥皂把手洗了又洗還是有氣味。晚上又開會了，操他×的支書又再訓話：資產階級的作風臭還是無產階級的糞便臭？

第三天收工，不再用肥皂洗手了，在地上拿把泥土擦一擦，拿起飯碗就吃。苦啊，心苦。

一九六六年中，文化大革命開始了，我的生命又到了一個拐點。

學生何辜

一九六六年六月，文化大革命開始了。得知市委在處理我們的問題上犯了錯誤，於是我們集體向農場領導申請回校。那時候文革的風還沒有吹到農場這邊，農場的幾個領導拿著本"十六條"冊子，看來看去不知如何是好。農場裡面的幾個主要領導都是理解運動的倖存者，農場場長私下對我說：你們太年輕了，這種情況最好不要動，等運動有了結果才做打算吧。那個年頭誰都怕犯錯誤！但是我們沒有聽勸諭。10月份，留下幾個同學，其餘的都跑回了廣州（財經，機電，化工三校共40多人）。與其他學校的同類學生共600多人，組織起來共同向市委提出要求（現在語：維權），這就是廣州文革時的所謂"工讀600運動"

經過幾次談判，特別是有同學拿出一份我們檔案中的"學生處理登記表"，上面的經辦單位是："廣州工交戰線肅反委員會"。副市長鐘明無言以對，後來解釋說，當時因為不知道由哪一個部門來處理，剛好"肅反委員會"的印章空著。真荒唐！我們全部都是"反革命分子"，不知道要害死多少無辜青少年！邪惡！

最後市委終於承認：問題處理不當，全部學生回城回校。

投奔怒海

我們雖然可以回城回校了，然而文化大革命到了1968年，毛澤東發動的紅衛兵鬥爭對手的運動結束，全中國的中學生被下放農村。結果我們這批學生還是無奈面對務農的命運。我們被分配到博羅縣湖鎮公社梅潭大隊××生產隊。

當年廣州的下鄉知青被迫務農，失去繼續升學的機會，沒有任何工作選擇的自由，來到陌生的落後的農村，日復一日刻板的強力勞動，看不到前景，心情苦悶至極。絕望之中，不甘認命的廣州知青群裡流傳一個出路的選擇⋯需要承擔巨大風險的選擇⋯逃亡香港。

我們四周的村子的下鄉知青都是廣州第五中學的學生，大家都是從廣州來的，下鄉沒有多久就混熟了，這時候大家發現彼此都心存這個念頭。很快大家走在一起，聚會的時候都是這個話題。

一九七一年八月我開始行動了。二個人，都是博羅知青。早上從廣州乘火車到達樟木頭，下車後擰著"行李"往西走，一副在廣州度假之後回生產隊的模樣。大約20分鐘左右，達到達黃江××村，很順利找到了我們的接頭人，一位下放到當地的知青，當天整天都躲在他的屋子裡。傍晚吃過晚飯就出發，往南穿過一條公路，爬上了一座山，從山上往下望去，一遍燈火，原來是共軍的駐地，於是不敢再動。等夜深燈火熄滅了，從旁邊繞著走過去，走著走著就天亮了。就在山頂找個樹林躲起來休息。到了中午，烈日直接照到身上發燙，可是帶的水喝光了，很難受，但是沒有辦法，山上附近找不到水源，只能夠強忍著乾渴堅持到天黑才能夠下山找水。第二天有經驗了，在半山的有水源的地方"安營"休息。第三天在山上遇上了一夥七個同道中人，於是一起進行。第四天遇到颱風，無法行動，大家抱成一團避風雨。一天一夜之後風雨終於停了，繼續前進，翻山越嶺，經過十個日夜，到達了海邊的唐朗山，大家躲在一條山溝裡，沒有想到到這裡躲的人越來越多，高峰時竟達到20多人。

我感覺不妥，我們二人於是離開了大夥另找了一個和山溝有點距離的地方休息。至中午時分，那條山溝上面忽然出現幾個人，大喊"捉偷渡犯"！大家立刻四散逃命。我們幸運地躲過了追捕，晚上來到紅樹林和白石洲之間的海邊下海，心想成功在望了，心情有點激動。沒有想到就在這關鍵時候出現了狀況，我的同伴在下海 30 分鐘左右就遊不動了，只能在我後面艱難地緩慢移動，並且不停地叫著："等埋我！"。無奈，我只好陪著他一樣緩慢地遊著前進。距離海岸還有約 200 多公尺的時候，腳已經觸碰到海床的淤泥，天也亮了。忽然一艘快艇飛馳過來，那是一艘"海上公安 02"，我們的行動失敗了。

關鍵的時候沒有拋棄自己的兄弟，無悔。

收容所

從蛇口邊防軍連部到白石洲營部，再到深圳團部，再入深圳收容所，樟木頭收容所。被押解的這些天自己整天都是昏昏沉沉，只是想睡覺。睡醒連飯都不想吃，下水的時候被蠔殼割傷了腳的傷口隱隱在痛，身心實在太疲倦了，非常沮喪。第四天被轉押解回到博羅收容所，才勉強回過神來。進到收容所裏邊，馬上看到了我的朋友和手足，還不少呢！一大堆，回到"家"了。晚上兄弟們幫我安排了一個好位置，不用與馬桶為伍。

入了"寶山"豈能空手而歸？於是逐個逐個難友探問，是從哪裡啟程的？途中的狀況，下水的地點，地形，路況等等。跟著做起沙盤推演，十天後帶著滿滿的"正能量"走出了大牢。細細思量：原來我們自己所在的村子就是很好的起點，廣惠公路，在博羅湖鎮站下車，沿線都不是邊防區，沒有人檢查，更不需要證明。湖鎮直下龍溪鎮過江東，東莞橋頭鎮，到清溪鎮再上山。冬季來了，經過幾次探路和考察，真的可行。

消息傳出後，我們湖鎮梅潭鎮成了熱點，大家忙著準備。一九七二年春天過去了，天暖，時候到了。一批又一批，來了又走了。組略算了算，沒有七八十也有五六十人，大部分都不認識。他們來到，就幫他們炒麵粉加糖做乾糧。去鎮上買麵粉的任務就落在唯一一位女生身上。胡大小姐（我的女友，後來的妻子），學校老師，人長得靚，夠"正氣"。不像我等一副憤怒青年的模樣，不修邊幅，放蕩不羈。

再出發

五月剛過，我再出發了，那天下著很大的雨，東江水暴漲，艇家不肯過江，只好撤退！十多天后準備再出發，我們的胡大小姐終於肯與我一起投奔怒海！遠走天涯！天意！

"老四，四哥（現代語，眼鏡男）同埋條女要起錨了。"沿途的廣州五中，小港新村的兄弟和朋友很快就為我準備好了。

與愛人同行，不能馬虎。我們每個人準備了十斤炒麵粉，加入二斤花生油和一斤糖，分二個塑膠袋包好。一塊 2.5 公尺×1.5 公尺的塑膠薄膜（作為雨衣防水），一小瓶酒精，一小瓶藥用碘酒，半斤生薑，半斤粗鹽，一瓶凡士林（潤滑保護腳部），一卷繃帶，解放鞋的後跟加了二條綁帶（走過水田或泥濘時不容易脫落），和一個球膽。再將一個挎包改成背包，一個水壺，一把小刀，一雙厚襪，一雙勞工手套，多帶一套衣褲（行走時的汗水，霧水會讓全身濕透，休息時替換成乾衣褲，舒服得多，再行走時換下，用塑膠袋包好），二條用來把褲腳綁上的綁帶。這趟沒有帶指南針，上到山上，晚上看見天邊的一片燈光，哪裡便是香港了。

又是趁墟的日子了，清晨天還未亮，我們三人（另外一位是三水知青）背著行裝準備步行到大約 15 分鐘路程的龍華鎮，四五個兄弟駕著四部單車已經在那裡等著。我們把乾糧等行裝放在第一部車先行，其餘三部車載著我們三人緊隨著出發。過了東江河，經過橋頭鎮直下清溪鎮。到了清溪鎮已經是中午過後。順利匯合我們的接頭人……小港新村的知青"細D"，把乾糧等裝備交給他先帶走。我們就在鎮上的小飯館裡面吃東西等著他晚點回來帶我們。那四位兄弟飯也不吃，要往回走了。一聲"珍重，暫別了，香港見！"

（這樣的接送行動，半年內，我也做過好幾次。）

上山

　　我們就在鎮上的小飯館坐下來，先吃個飽飯。坐著坐著，鎮上趁墟的人都散去了，細 D 還沒有回來，有點急，但是不敢表露出來。於是與大小姐來一場真戲假做，扮一對情侶熱戀，正在卿卿我我（老實講，這時候哪有心情卿卿我我？），這時也不知時間是怎麼過的狀態。趁這空檔時間互相對好口供，萬一被人盤查，就說橋頭鎮某村知青來趁墟，單車被偷了，正在等人來接。反正我們這時候身上沒有任何東西可以被懷疑偷渡的。終於細 D 出現了，在飯館門口向我們打了個眼神，我們馬上會意並立即出了飯館，在不遠處跟著細 D 上了樟惠公路，距離一直保持約在 50 公尺。往東行走了約 15 分鐘，轉入一條小路，路旁有一大片甘蔗林。細 D 揮手做了一個手勢，我們快步沖進甘蔗林子裡面躲起來。很快天全黑了，細 D 帶著我們的乾糧和裝備來了，同行的還有二個當地的年青農友。我們一行 6 個人向南走，過了公路，繞過一個村莊上了南面的山嶺。A 計畫成功了，其實我們也準備了 B 計畫：萬一和細 D 接不上頭，就在惠樟公路找個甘蔗林，樹林或草堆藏起來，等到晚上就直接上山。

雨中

　　第一二天很正常，天氣不錯，大小姐跟在我身後寸步不離，夜晚趕路，白天休息。第三天開始下雨了，途中遇到二夥約 20 個同路人，大家都在一起躲避風雨。大雨下了一整天，傍晚雨歇了，大家收拾東西準備起行了，突然我感覺四肢發軟，頭昏眼花，無法行走。怎麼辦？我跟他們 5 個人講述了我的狀況，說："你們走吧，我暫時留下，如果情況惡化，我就下山投降！那二夥人都是老手（從他們選擇休息地點和物質的準備，就知道不是第一次逃亡），跟他們一起走吧！我不會怪你們的！"結果其他四個人離開了，大小姐一定要留下來陪我在一起。這"在一起"就幾十年了，風風雨雨，吵吵鬧鬧始終"在一起"沒有分開過，也是天意！

他們走後，我們在附近找到了一塊平板的大石頭，在上面鋪上防水塑膠布，取出生薑，鹽和水吃下，這就是我的藥。這時候我感覺渾身發熱，很想睡覺，於是在大石頭上躺下，卷著另外一塊塑膠布睡了。大小姐一手卷著膠布，一手撐著一角遮住我的頭部。昏昏沉沉之間，我聽到大小姐的心跳聲，有點急。風聲，雨聲，蟲聲，野獸叫聲，多好聽的音樂！雨點偶爾打到臉上，很涼快。雨點也會滴到唇邊，舔一舔，好甘甜的，很舒服安逸，很久沒有這種感覺了，像小時候媽媽在哄我睡覺。

天亮了，醒過來，身體似乎完全恢復了。我問大小姐昨晚是什麼情形？她回答我說："我這一生經歷中最恐懼，最驚慌的一個晚上，感覺有被好多好多的野獸包圍著，整個晚上都沒睡。"

感謝上天！感謝大小姐！感謝她對我們愛情的守護！

我們收拾好東西，到山下去找水。在水溪旁，看到一些很大的腳印，有巴掌那麼大，不知道什麼野獸的腳印。接著找好了藏身的地方，一片很濃密的灌木林，等待黑夜的來臨。到了中午時分，突然聽到似乎滿山都是人聲，好大聲，好嘈，好驚。於是坐起來心裡默默祈禱，上帝、阿拉、如來佛、觀音……求所有的神保佑！不久傳來幾聲槍聲，不一會人聲消失了，又恢復了平靜。是打獵或是追捕逃亡者？不得而知。

亡命

天黑了，我們又再出發。現在只剩我們倆，很輕鬆，想走的時候就走，目標小，何去何從自如。整片山林只有我們兩個人的腳步聲，和兩個人的輕聲細語。累了就坐下來，仰望著天空潔白的明月、閃爍的繁星。看著身旁我深愛的女人，多麼好的時刻！多麼美麗的山河！一時間忘了我們正在與命運和人生搏鬥中！

"長夜快過去，天色濛濛亮。衷心祝福你，好姑娘。但願從今天起，你我永不忘，在這迷人的晚上！"

就這樣我們走下了南面山，穿過了龍崗平原。沿途我們避過了二個民兵崗哨和二次民兵巡邏。剛開始大小姐很驚慌，後來習慣了，也就淡定很多了。第三個晚上，我們爬上了打鼓嶺。剛上到山頂，正想歇歇腳，"老四"！黑暗中突然傳來一個聲音，大驚！在這荒山野嶺之中，居然有人叫我？是人是鬼？這時候忽然草叢裡走出幾個人來，定神一看，原來是同一天從梅潭村出發，B計畫的幾名兄弟，分別是亞B、孫二、朱科、大頭，還有一位他們在途中認相遇的東莞仔（其實那時候雖然很多人來來往往，幾乎彼此都不知道對方的真實姓名，通常都以學校名字來代替，譬如五中、六中、八中……等等，許多年後同時代的人相遇，都是先報出校名。時代的烙印，已被牢牢地釘在歷史的十字架上！），崇山峻嶺黑夜之中都能夠相遇，大家都很意外很興奮。他們立刻開了一個罐頭紅燒肉給我們，說讓我們補充補充體力。好幾天沒有聞到肉香，好好味！肉味，兄弟情味。

大家稍事整合，繼續前進。來到梅尖山的時候天已經亮了。就在半山各自找合適的地方，分開休息。

黃昏時候，大家又集中在一起準備繼續上路。亞B說："剛才看到二個背槍的傢伙，沿著山脊的小路往上山走去。"我馬上對大家講，翻過山脊，立刻下山，不要停留。亞B帶頭，東莞仔緊跟，我隨著，後面是大小姐、孫二、朱科、大頭（亞B最細，文革時仍是小學生，外公是臺灣國民政府的高官。文革初父母被鬥爭折磨，雙雙自殺身亡。亞B遽失雙親，頓失依靠，每天在城中遊蕩，隨時身懷一把電工刀，成了道上的狠角色。他食百家飯，街坊都可憐他。）。

行前我跟大小姐說，今晚可能有事情發生，你一聽到響聲，立刻掉頭就走，不要停。他們只有二個人，無法把我們都拿下。從子彈上膛到瞄準發射起碼需要十幾秒鐘，足夠時間逃脫。一行人來到山脊，翻過去往下走，不知道為什麼，亞B帶著往回走上了山脊，我正想趕上去問為什麼？狀況出現了，黑暗中二條亮白刺眼的電筒光照了過來。"誰？站住！"跟著二聲很響亮的金屬撞擊聲，拉槍機聲，子彈上膛？電光火石之間，跑！才轉過身，大小姐和後面的人都不見了，動作好快。我跑了二步往旁邊的草叢跳下去，身一沉，腳離空，心想完了！掉下去大約4公尺左右著地了，剛好掉在兩塊大石頭中間縫裡，不敢再動，大氣也不敢透。石塊上面（大概三公尺左右）站了三個人，帶頭的亞B首當其衝被抓了。"還有幾個人？"持槍的人問，"還有一個"亞B說，這是最好最明智的回答，"你看住他，我去追那個人。"剛才那個人對他的同夥說完就提槍往山下追過去。5分鐘之後押著一個人回來了，是男的，東莞仔，不是大小姐，我心放下很多。二個民兵押著亞B和東莞仔走了，一切又恢復平靜。兩位小弟為我們擋了，感謝他們！於是我走出了石縫，沿著大小姐走的方向摸著走過去，沿途沒有發現人影，一直找到山腳。天亮了，我什麼也不顧了，大聲叫著大小姐的名字，一直往前走，山間迴響著我的叫聲。大小姐你在哪裡啊？有沒有受傷？我爛命一條，死不足惜，大不了再來一次，這對我來講不是一件難事。但是大小姐不一樣，乖乖女，身嬌肉貴，對逃亡的事情一無所知。中午烈陽高照，精疲力竭，饑渴交加，只好暫時停止尋找，仔細想，大小姐已經闖過了這一關，不遠處就是海邊。過不過得去，就看她的造化了。祈求天佑大小姐！

大海啊大海

太黑了，自己一個人行走，反正都無所謂了，除了惦記著大小姐的安危，處理路上的事情反而比較輕鬆。翻過山之後就已經看到海了。不清楚狀況，下到半山腰，停下來找地方藏身並且瞭解周遭環境。白天，基本上看清楚了。右方約五公里處有很多房屋的地方應該是沙頭角，左方二公里處也有些屋子，應該是鹽田。我所在位置的正對著是一個小海灣，海灣的左邊角上有二排房子，像是軍營，但並不確定。晚上往下再走近一點，一直走到很靠近海岸了，並且清楚聽到海浪的聲音，才找個隱蔽的地方藏好。我的位置就在小海灣的最裡面，左邊 400 公尺左右凸出的位置是個哨所，我的下方約 500 公尺處有一堆仙人掌，再後面就是公路。公路的另外一邊又是一堆仙人掌，過了仙人掌約有 10 公尺的沙灘就是海了。整天我從藏身的地方看過去，公路上都沒有看見行人，偶爾有幾輛汽車駛過，安靜得很。熬到天黑，是時候行動了。於是把不必要的東西全部放下，來到仙人掌堆前，把衣服脫下包裹著頭部鑽了過去，快步穿過公路，鑽過仙人掌堆，以百米跑的速度沖進海裡，二個深呼吸已經遊出去很遠處了。跟著脫掉長褲和鞋，把球膽吹漲綁在身後，奮力向前遊去。途中曾經有幾艘船只經過，但都不礙事。大約一個多小時，腳踩到了海床，輕鬆地上了岸。回頭望了望對岸黑沉沉的群山，揮一揮手，別了！頭再也不回地走向了光明！人生的一頁翻過去了，新的一頁又開始了。

後記

那天晚上，大小姐危急中匆忙回頭跟著前面的人跑，黑暗中踉踉跑著，跑到一個地方停下來。只剩三個人，孫二、朱科和大小姐。那二個男生比大小姐還要朦查查，大小姐成了"領導"。

二個大男人跟在她後面跑。才翻過山就看到了海，很興奮，以為馬上就可以下水了，嫌累贅把乾糧都丟掉不要了。誰知道走了二天都還沒有到海邊，最後是吃了一天草根和樹皮才熬到水邊，沖進海裡，和大海搏鬥了幾個小時，就這樣成功了！

兩批共 11 個人，成功了 5 個，大頭也成功了，他比我們早一天抵達香港，大小姐他們比我晚一天。來年一九七三年，細 D 和二個農友、亞 B 都成功了。我們七個同學，要走的六個，都走了。

許多年後，我和母親重逢，她告訴我說，就在我下海的那個晚上，她夢見我在海裡遊著，突然一個白髮老翁從海中走了出來，托住我一直把我送上對岸，然後對母親講：細民（我的乳名）到了香港了。夢中細看，這個白髮老翁原來是49年共產黨進村的時候就失蹤了的大伯。感恩上天！祖先有靈！

百折不撓，游向自由

老 潘

一、1966 年

1966 年對於中國來說是一個非常不尋常的年頭。為什麼說它不尋常？因為這一年中國開啟了"文化大革命"。這個所謂的"文化大革命"從 1966 年五、六月間開始，到 1968 年知青下鄉，可以說是基本結束了。但經歷過的人大概不能否認，它的餘波，或者說"威力"，一直持續到 1976 毛澤東歸西，才算中止。所以，也有"文革十年"之說。文化大革命把中共建政以來建立的國家秩序折騰了個天翻地覆。對全中國幾乎每個家庭都實行了一次相當無情的打擊。國家經濟頻臨崩潰；老百姓死人、傷人、家破人亡，妻離子散者無數。1977 年中共的十一屆三中全會決議把毛的這個"文化大革命"定性為浩劫，可見其性質之荒唐，其破壞力之大。

1966 年我 15 歲，在中國生活了 15 個年頭，讀初中二。隨着文化大革命的開始，學校停課了。老師、學生都忙着參加文革。文革那幾年，衝鋒陷陣的很多都是初中生。讀初二的我，父親是工人而且是黨員，屬於紅五類，大有出來胡作非為一番的政治本錢。可我從小就世故，崇尚"寬容"，"隱惡揚善"，"得饒人處且饒人"一類的儒家價值觀，而這種價值觀和毛的階級鬥爭哲學衝突，對於文化革命那些鬥人，整人，誣陷人等劣行，內心有一種抵觸，不願意參與。我沒有加入到那些所謂的"戰鬥行列"裡去。但我沒有錯過免費乘火車的機會，成功地"串聯"到過上海。可惜和北京失之交臂，當然也沒見着老毛。

　　雖然後來一切有正常思維的人都明白文革這東西是荒唐透頂的鬧劇，可是包括當年被整得死去活來的所謂"國家領導人"們，以及眾多的有識之士，居然就沒有一個人，一個組織敢站出來說個"不"字。自打世界開始認識中國人，特別是近代，中國人的智慧可以說是越來越得到世界的認同。可是，1958 年大躍進的"畝產萬斤"也好，"文化大革命"也好，以及 1949 年以後中國大陸年復一年的林林總總的政治運動，其荒唐程度絕不亞於"皇帝的新衣"，可諾大的一個中國，居然就出不了一個天真的孩童，說出實話，戳穿那謊言！

　　然而，對於我這樣一個十五六歲的少年而言，這文革卻徹徹底底地為我在中國受教育的機會劃上了休止符。

二、下鄉

　　兩年後，1968 年，可能是毛瘋夠了，也可能是達到了他搞文革的政治目的，對全中國中學生的利用也要告一段落，是時候藏良弓、烹走狗了。本來，城鎮的工礦企業能容納的一般是初中和高中兩屆沒有繼續升學的畢業生。而現在把六屆的初高中生一下子丟給它們，加上兩年來的經濟破壞，城鎮肯定是吃不消的。於是，毛又琢磨出把這些城鎮青少年打發到廣袤的農村去的點子，發出了"知識青年到農村去，接受貧下中農的再教育，很有必要"的最高指示。1968 年年底，中國啟動了轟轟烈烈的"知識青年上山下鄉"運動。除了少量初中生留城升高中之外，全中國大多數初中一到高中三的中學生全部算作初中、高中畢業生，滲沙子一樣把他們下放到全中國的農村、農場去，分散了讓農民去養活他們。

　　之所以說"大多數"，是因為還是有一些不必下鄉的。除了一部分特權人物的子女外，1966 年前尚在讀初中的初中生有小部分被允許留城升學入高中。但他們必須是家庭成份過硬的子弟。那時，百分之95以上的人是不願意去農村的,但只有初中生裡面不到10%的人可以逃過這一劫。我父親是工人,也一向為自己"中共黨員"的政治面目沾沾自喜。他篤定地認為,他的兒子我肯定可以留城、升學,逃過下鄉一劫。就在父親自鳴得意的時候,卻收到廠方通知:他兒子不留城,下鄉!這可是晴天霹靂,怎麼可能?!當時收到的風聲是:新成立的革命委員會裡有個階級鬥爭觸角比較靈敏成員,她認為我父親歷史不夠清白,建議把我從升高中的名單裡剔除掉。所謂的"歷史不夠清白",是因為我父親三、四十年代曾經被賣豬仔去過印尼當苦力,被抓到日本兵營當伙夫。這固然是相當無奈的遭遇,而且也都坦白交代得一清二楚的,不想在這節骨眼上被人使了個拌子。那可是關乎兒子一生命運的緊要事啊。父親自然懊惱,嚷着要找軍代表說理去。可我,雖然只有十來歲,也老成地知道,在那個絕對人治的極權社會,沒有道理可言,沒有法律可以憑據,連國家主席都可以喪失起碼的人權尊嚴,何況我們這種低賤的蟻民?

盡管父親還在嘟嘟嚷嚷地不忿氣,我還是把家裡的戶口本拿在手上,到派出所走了一趟,註銷了我的城市戶口,破釜沉舟了。僅僅因為父親幾十年前無奈地被命運捉弄了一下,他的兒子就喪失了繼續升學的機會。1968年11月7號,我灰溜溜地成了中國一千七百多萬文革後知青的一員。

幾十年後從新反思,不能不說上山下鄉也有它積極的意義。青年人到生活艱苦的農村歷煉幾年,也有好處。但那應該是讓他們接受了盡量完整的教育之後。而且,在他們接受了歷煉之後,可以讓他們選擇留下或者離開,選擇他們自己的喜歡的職業。可是,當時的口號是"扎根農村一輩子"。那是很恐怖的一件事。"人望高處走,水往低處流"是天經地義的自然法則,哪有十幾二十歲尚在讀書長學問的年青人中止讀書學習,到落後蠻荒地從事原始體力耕作,還要在那裡一輩子的道理?1968年沒有人能預見老毛歸西,江青一伙倒台,鄧小平復辟。如果毛主席真是"萬歲",上山下鄉的政策當然還會繼續下去。

不但我們去了農村的回不了城，我們的子孫，世世代代都必須是農民。而當時的中國，城市人的物質生活已經夠匱乏的了，農民就更加貧窮到無以復加的境地。他們被政府美化成最革命的"貧下中農"，而實際上已經被系統性地規劃為中國的賤民，他們基本上是絕不可能往城市遷徙的。如果我們從此就紮根農村，那麼從今以後我們家世世代代就是變相的賤民了。

　　1972年，一晃到了我下鄉的第四個年頭。幾年來，父親對我的反覆教導不外就是：一定要虛心向貧下中農學習，凡是不符合毛澤東思想的事，千萬不能做。我明白他的意思，就是服服貼貼，不要惹麻煩。那是絕大多數的中國人在那個年代的人生哲學。因為不逆來順受的代價太大了。至於什麼是"毛澤東思想"，不要說他一個只有小學文化程度的工人，專家學者也未必說得出個所以然來。那幾年，公社、大隊零零星星偶爾也有個把知青被抽調回城或上工農兵大學。然而僧多粥少，我基本上可以說是沒戲的。從家庭出身的角度看，應該說我有一定的競爭力，我也知道具體如何操作。但是，也許是性格使然，我無法違背自己的良知說一些自己都不相信的假話，也做不來那些不以為然的事。我扮不了積極。接下來的幾年，該吃的苦都吃得差不多了，我的勞動能力已經達到一級男勞動力的水平。我能挑幾乎兩百斤。那些只有百來斤的擔子，右肩十來分鐘，左肩十來分鐘，可以挑著一口氣走一個多小時，五、六公里的路。其餘一應農民做的田間功夫，差不多件件都拿得起，放得下。除了勞動的繁重，十個工分也就是四、五毛錢，生活自然是很苦的。幸虧那時父親每個月接濟我10多元錢，還能對付着過。可我不能一輩子指望父親接濟呀！農民子弟做夢都想往城裡擠，何況我們這些城市裡長大的青少年？和其他千千萬萬當年的知青們一樣，我當然不可能甘心以後就當一輩子農民，問題是：怎麼離開農村呢？

三、看到曙光

地處沿海的廣東，人人都知道，東南方不遠處有個地方叫香港。我早就知道所謂的"世界上有三份之二的人生活在水深火熱中"的說教是胡說八道的，從沒當它是一回事。我知道香港人不但過着比我們高好幾級的物質生活，還能享受和西方國家一樣的政治上的自由。我後來才知道，早在1968、69年，有先見之明的部分廣州知青就有目的地把自己的下鄉地點安排到東莞、寶安一帶。為的就是方便偷渡到香港去。一位後來認識，以前在廣州執信女中讀高三的好朋友告訴我，68年動員下鄉時，她根本不必工宣隊費唇舌就欣然答允到東莞去。一個20歲的花季少女，看透了披着漂亮外衣的專制獨裁政權的本質，老謀深算地計劃冒死偷越國境，投奔自由。知道無力改變它，也惹不起，只有躲得遠遠的。能夠下鄉到靠近香港的邊防地區，還有比這更合她心意的安排嗎？這位朋友到香港後，不但經濟上獨立了，還能繼續學業。進入七十年代，從廣州下鄉到珠江三角洲一帶的知青基本上沒有人不知道偷渡香港這回事。不少人在想着去，不少人也到了香港，也有不少被抓了回來，有些甚至從此失去了音信。

1969年，我的一位從廣州下放到農村當支農青年的表哥到了香港。1971年，每年春節都和我玩在一起的表弟在下鄉很短的時間後就到了香港。當我知道這一切的時候，已經是1972年。同時，我的表姐也在積極地安排自己的行程。我受到了極大的震撼，他們把我徹底地震醒了：廣州仔就是不一樣！那是茫茫黑夜看到的指路明燈，看到曙光：這些廣州知青走的，才是真正的，不折不扣的正確路線！真正能為你謀出路，改變你命運的，只有你自己。不能把自己的命運、前途寄托在他人手上，就算偉人也不行！

回到家裡後，飯桌上我壓抑不住內心的激動，向父親透露了表親們的壯舉。當然，言談間父親察覺到我內心深處的想法。但他沒有表態。內心深處，他當然希望我能像表兄弟們一樣安全到達香港；但他也知道，這勾當也不是萬無一失的，被抓還是小事，投奔怒海，搞不好連小命都會丟掉。在巨大的誘惑和危險之間權衡，是他內心掙扎以至不置可否的原因。我可管不了那麼多，去香港的想法堅定地在我心中萌芽。當時唯一令我傷腦筋的是，我沒有至親應允到時接濟我。雖然我也有外婆，舅舅在香港，但他們並不富有。他們在香港奮力打拼，少有優閑地回廣州渡假的。自從他們到香港，也就是我懂事後，就沒有見過他們。所以也就不存在與我談論過這個問題的機會。況且，盡管是父子之間，也都不是人人都下得了狠心，鼓勵自己的子女鋌而走險的，何況甥舅？

然而這點小小的挑戰並不能阻止我的夢想繼續發酵。我已經開始拒絕裝模作樣地參加那些浪費青春的農業勞動，時時跑到廣州，尋找偷渡的路子，接受偷渡文化的燻陶。我們生產隊的三個男知青米高，波仔和我同住一個屋子。他們兩人覺醒得似乎比我早，也各懷鬼胎地四處串連，找路。七三年四、五月間，米高告訴我他有路子了。我懷着羨慕的心情在廣州白雲路的廣九車站送走了他。三個星期以後，收到了他寄來的報捷信，望着有英女王頭像郵票的信封，既興奮也妒嫉，到香港去的決心也越發堅定了。波仔也密鑼緊鼓起來。他後來經歷了幾次挫折，七三年年底到港。

東風吹，戰鼓搖，朋友們到達香港的消息不斷傳來，這種消息無情地敲打着我的神經，羨慕和妒嫉折磨着我的心靈。和我來自同一城市工廠宿舍區的王強，是個好朋友。他人緣好，深得知青和當地人的好感，居然混成了大隊團支部書記。回城時，他會很熱切地打聽中央、周總理對知青工作是否有甚麼新指示。其實，也就是渴望知道我們的流放有無結束的希望。隨着夢想越來越顯得渺茫，他也意識到，指望這個中央把他從農村調回城市看來是基本無望了。我也告訴他我越來越不把抽調回城市看作一回事。在偷渡問題上，聽說周恩來將偷渡香港原先"叛國投敵"的定性改為"非法探親"。這個性質上的改動無疑消除了不少人的顧慮，即使失敗了，懲罰也會相對地輕。

有些晚上，我們到河堤邊散步，望着滔滔的江水，尋找出逃的靈感。對目前形勢和我們的任務，已經清晰地擺在我們的面前。王強感慨着眼下的無奈，也逐漸堅定了去香港的決心。至於接濟方面的憂慮，我們想：走一步算一步吧，到時興許水到自然渠成。

去香港除了有決心之外，最重要的一個環節是在邊境地區的接應。這種關系可以是知青，也可以是當地的農民。關系當然是越靠近香港越好。那時，寶安的皇崗，蛇口是香港線的理想落腳點，離下水點很近。但去這些地方要有特別的邊防證，我們普通外地人是根本不可能獲得邊防證的。多數人都只能從遠離這些敏感邊防地點的博羅，或東莞樟木頭、石龍，惠陽的惠州、淡水等地出發。這種走法，晝伏夜行，攀山越嶺，還要躲避民兵的搜捕，一般要走個十天半月才能到達下水點，下水前很多都要經過由配備軍犬的正式邊防軍防守的國防公路。不少人都是被幾頭軍犬咬着被抓的。除了軍犬，游香港東線的人還要耽心鯊魚，戰勝了十幾天的山路以及國防公路的軍犬以後，最終被寒冷的海水凍死或落在鯊魚口的例子也不少。可憐的我們，連博羅，東莞，惠州這種關系都沒有，更別說寶安了。除了直接往香港外，當年約有二、三成人取道澳門往香港。唯一的問題是，澳門當局和大陸有協定，反解偷渡人員。所以澳門不能久留，必須多加一層叫"屈蛇"的手續去香港。去澳門的理想的落腳點是珠海的前山、灣仔，坦州等地。但進入這些地方也是困難重重，是需要邊防證的。一般人都只能從中山或珠海的北部開始晝伏夜行五到七天，進入可以下水渡過澳門的地方。沒聽說過有人在中山珠海被軍犬咬過。另外，由於江河水的大量流出，澳門靠近大陸一邊的水域比較少有鯊魚。無論是香港也好，澳門也好，這種關系很不好找，可遇不可求，最好的主觀能動性也未必有用武之地。

怎麼去呢？

四、第一次

　　精誠所至，金石為開。自從堅定了革命理想，除了王強外，我還和一些已經采取行動的人混在一起。七三年年中，我開始涉足的一個小偷渡圈子裡的兩位女性朋友安排了一個"局"，是珠海的關系，去澳門。兩位女知青邀請我加入她們的局。那是天賜良機。飢不擇食，不加思索我就決定同行。那年夏天的一天，我弟弟用自行車把我送入中山縣的石歧鎮，憑偽造的假證明買好了當天中午往珠海大金頂的汽車票。中午前，果然見到了如約前來乘車的兩位女子。我們裝着互不認識，分別上了車。一個多小時以後，到了大金頂，二前一後地下了車。一看，車站附近三三兩兩有些背槍的民兵在巡邏，氣氛有些緊張。她們二人前面走，我在後面跟。進了一個竹林子以後，看見她們二人進了一個廁所，由於不能盲目地一個人繼續朝前走，我只好也走進另一邊的男廁。進入廁所大概就是使用廁所了吧。一分多鐘左右，我估計也差不多了，就出了廁所，准備彙合她們啟程。可我出來後卻不見她們二人。知道林子外邊滿是民兵，也不敢叫喊。那種環境之下，任何不尋常的舉動都可能引起民兵的注意。我只好在廁所邊再磨蹭一會兒。可是始終不見她們，就是解大號，也該完成了吧。在林子裡四處看看，左看不見，右看不見之後，我想：難道她們朝前走了？由於我是臨時加入的，珠海的關系我還沒有機會認識，也不知道聯絡關系、接取干糧的方式。然而，既然走到這一步，除了往前走我還能如何呢？如果我加快腳步，或許能追上她們。於是我放開腳步，一直走到天黑。蹤上她們的希望越來越渺茫，我已方寸大亂，意志也開始動搖了。看着路旁有個甘蔗林，我一頭就扎了進去，暫時逃避一下現實。我蹲在林子裡苦苦思索當時的形勢以及應采取的措施。其實處境也非常簡單：沒有干糧，也沒有了澳門的接應，繼續走下去恐怕也沒有生路。最後，我決定當晚就躲在甘蔗林裡過一宿，天明以後由原路撤退。那天晚上，就那樣蹲在甘蔗林的地上過了一宿。

第二天，我沿着公路往北行，打道回府。走了兩個小時後，離孫中山先生的故鄉翠亨村不遠處，看見有幾個民兵設了一個關卡，盤問過往路人。他們也看見我了，要躲已來不及，只好硬着頭皮走過去。不用說，三言兩語他們就把我的底細盤問出來，把我送到了金鐘收容所。我的處女航就這樣以牢獄告終。

那兩個女孩也沒去成。我後來知道，她們當時只是躲避過往的行人而藏身到廁所後面的竹林子裡。沒有像我以為的那樣進入並使用廁所。在我一直朝前走妄圖追上她們的同時，她們卻花了幾乎兩個小時在竹林周圍找我。好一個陰差陽錯！兩個柔弱女子經過三天三夜的翻山越嶺，堅持到了水邊。最後，的確由於體力不支，加上對風浪的恐懼而過早使用浮水設備，被巡邏的民兵船發現，抓了。要是我們沒有失散的話，她們肯定可以比較有效地保持體力；另外，如果我當時在場，我們也不會啟用浮水設備，就非常有可能躲過巡邏的民兵。這個錯誤造成了很大的遺憾，兩位女子其實有些未來姑嫂的關係，較年長的那位最後終未能與有情人成眷屬，這次失敗是很大的因素。她們二人終於在八零年才有機會循正途申請赴港澳。

五、第二次

兩個多月之後，我被押回生產隊。

不久，有消息傳來，波仔也成功抵達香港了。這消息又狠狠把我刺激了一下。

我沒有把米高和波仔成功走脫的消息告訴生產隊。這樣，我起碼可以繼續領他們的口糧。生產隊領口糧價格是每擔谷公價九元八角人民幣，而黑市價是每擔三十元。那時即使是廣東的珠三角，不少農村還有不夠糧食吃的現象。以我們大隊的情況看，農民們一年裡頭大概有半個月左右是缺糧的，必須以雜糧佐之。所以就有了黑市糧的市場。以每擔30元的黑市價賣出，一擔可賺二十元。那時我們每人每年的口糧是六擔谷，他們二人加起來是12擔，每擔賺20，我每年可以賺240元，那可是一筆巨資。但我沒有那麼囂張，就賣過兩擔。加上我自己也不是全部時間在生產隊，我自己的口糧也有剩餘，一併賣了，得過幾十元而已。那時我們知青每個月有豬肉票。把他們的豬肉票吞了，加上一些投機倒把黑市賣谷的錢，再者我又不是全部時間都在生產隊，我每天的飯菜還是不錯的，最起碼沒有斷過肉類蛋白質。

不過這時我沒有路了。也就是說，我沒有，也無從結識任何邊境的關係。

我小時候的偶像是岳飛。不是崇拜他的精忠報國，是仰慕他的文武雙全。自從下鄉，我意識到，我不可能繼續學業了。才十幾歲，只有初中二的水平，這輩子就這樣了？以前夢想的大學呢？再不濟也混個高中畢業吧？我因而感覺到恐懼。只要能逮住機會，總想再學點甚麼，充實一下自己的"文"。我們那時到了農村，想學習文化課不但不是時髦事，還會招來白眼。所以，根本不敢大張旗鼓地找來數理化教材去學習。英文是唯一想到過而且翻過書的科目。有個廣州七中的回鄉知青給我看他的一本英語教本，是北京大學編纂的。我借閱了一段時間。拼音、發音我都不成問題，難倒我的恰恰就是初二沒有學好的語法。我一直在開頭幾章裡兜兜轉轉，無法前進。

在生產隊，我也不再無聊地出工，不再稀罕那工分，每天好食好住煎熬着日子。晚上總會打開不知哪裡弄來的收音機，美國知音的"英語900句"簡直就是天籟之音，動聽得不得了。有一回，大隊管知青的幹部高健恰好到了我們生產隊，那樓板根本就不隔音。他或許連美國知音的國語廣播都聽不明白，但能覺察出那腔調不對勁，於是大聲朝樓上厲聲吆喝：夠了，你給我馬上停止那反動東西！

生產隊有個在鎮上讀過中學回來的小女生，恐怕20歲都不到。她父親是鄉里衛生所大名鼎鼎的醫生，小女生有文化而且家庭"顯貴"。她晚上在生產隊一樓記工分。透過疏落的樓板，可能偶爾聽到我在樓上聽美國知音的英語 900 句。作為年輕知識份子，她或許有覺悟排除它的政治叛逆成分，而對其洋氣和時髦產生好感。她也可能以為我很厲害。有一晚，她做完了記工分的工作之後走到我樓上，居然向我提問英文冠詞的使用法。雖然我初中二的語法學得一塌糊塗，當時也能湊合解答她的一些問題。因為我的國際音標學得很好，發音功力超強，糾正她那帶着鄉下口音的英語是卓卓有餘的。我們坐的很近，觀察着她發音的嘴唇，我發現少女的嘴角雖然掛着一絲難以覺察的似是嘲弄的微笑，眼睛卻背叛了她，流露着一種信任和佩服的目光。看着她那似乎有些含情脈脈的眼睛，我突然暈眩，迷茫了一下，一時把持不住，居然伸出手去拉她的手……說時遲那時快，她"霍"地站起來，粗暴地撥開我的手，扔下一句"你去死吧！"，匆匆下樓而去。

我尷尬，後悔死了。第二天逮住個機會趕忙誠摯地向她道歉。她倒是略帶羞怯卻很溫和地低聲說：沒甚麼，不要介意。

我估計她當時並非真的憤怒異常並讓我去死。那只是一個完全沒有異性經驗的青澀女孩驚恐之下的本能反應。好險啊，事後我感激她的堅定立場。如果她當時不是義正辭嚴地堅決拒絕我腐朽沒落的資產階級圖謀，而是任由我摸她的手，再任由我把她摟入懷中，我不知道當時 23 歲的我能否把持得住自己。如果她半推半就，順水推舟地讓我對她做了天下年輕男人都喜歡做的事，那我就糟糕了。而且，從她第二天的不計較和含羞，低聲地表示的諒解，我覺察出她絲毫沒有記恨於我的意思。如果我立場不穩，被美色迷惑，繼續糾纏，把她拖到愛河裡應該不是難事。因為找一個知青對象在當時的環境下還是比較體面的。客觀地評價，23 歲時的我在農村女青年眼裏，不但有城裡幾乎初中畢業的教育背景，還基本上掌握了全部的農業技術，已經達到每天 10 個工分的一級勞動力水平，條件應該算不錯。如果有心紮根農村幹革命，我成為鄉里著名醫生女婿是大概率的事情。幸虧，我當天晚上就清醒了。

這是我在那生養了我廿四年的故土上僅有的異性經驗：僅僅摸了一下一個讀過初中的農村女青年的手，還沒有得逞！這是一個教訓！痛定思痛，以後我絕不能再讓自己墮落了。

　　我迅速把自己拉回正確路線上。而且，經過一次的戰鬥洗禮，我的革命鬥志明顯地旺盛了。

　　轉眼到七四年的夏天。王強以前只是和我傾訴心聲，這時見我去了一次，也心紅起來。另一位早期支農青年程瑜也表示了興趣。多了這兩名好漢加入，我們干脆自立門戶。因為沒有直接走香港線的關係，我們只能取道澳門。我們決定：沒有條件，創造條件也要上。農曆初一或者十五海水都在午夜退潮。初一沒有月亮，但往外衝的潮水較弱；十五的水流強得多，但明月高掛，也相對危險。我們決定走保守路線，選初一。做法是用假證明乘車或船南下到斗門縣的中部，找個地方藏起來等天黑，入黑後向東挺進到磨刀門水道，然後發揮自身體力上的優勢，下水出磨刀門左轉，一路向東。這種辦法需要游兩夜，第一晚的目標是珠海對過的橫琴島，白天躲在島上，第二晚在橫琴島下水游澳門。約莫三十公里左右的水路，聽起來嚇人，其實夏天的雨水多，江河流向大海的水流很急，時速達到五公里並非難事。經過在內河的試驗，三十公里不到六個小時就能拿下來。我們琢磨，頭一晚五個小時到達橫琴島，蟄伏一天之後，第二晚再游余下的部分應該是輕而易舉的。那時我們不管去那裡，但凡使用公共交通工具的就要大隊寫證明。空白證明都是用油墨印好的，大隊的文書用鋼筆填寫其中空白就是。我們儲存了用過的舊證明，用雙氧水泡在碟子裡，放在鍋裡一蒸，鋼筆字蒸走了，剩下油墨的部分，怎麼填就是我們的自由了。

　　六月，我們決定賭它一把。我們從公社所在地睦州鎮乘坐開往斗門白蕉鎮的客船南下。在白蕉前一個站我們用駁艇埋街，避過有民兵檢查的白蕉總站。離船後我們需要找地方藏身，等天黑以後再向東進發到可以出磨刀門海口的河段。看看小山上有個水泥碉堡，我們快步登上小山，進入碉堡，並把門頂上。過了一小會兒，外面居然下起小雨來。緊接著，就聽見有人拿了梯子，爬上碉堡頂。哦，我明白了，是因為下雨，有人到碉堡平頂上收取在上面曬干的農作物。緊接著，這人從碉堡頂上下來，要開門把他的作物拿進來。程瑜慌忙用肩膀去把門頂住。這不是明顯的"此地無銀"嗎？他進不來，跑去招人豈不把我們一鍋端了？我一手把程瑜推開，順手拉開木門。那人一個趔趄，差點摔到我懷裡。他一看我們三人，也大吃一驚。他也估摸出我們是什麼來路，連忙不停口地道歉，並急急地想抽身要走。哪能讓他輕易離去？我拉住他的手腕不讓他走，一面安慰他我們不會傷害他。王強也迅速地掏出身上的糧票和好幾塊錢的人民幣，往他手裡塞。那人見我們沒有惡意，也就放鬆了。當然，我們也瞞他不過，就干脆和他說白了。那人說：我自己因為是富農成份，多年來都是受盡欺負的人，要是有氣力，也早逃了。既然如此，我也只能冒個險，相信了他。我請他回到自己的窩棚，為我們煮點飯。他去了。不一會，飯菜端了上來。他殺了一只自己養的雞，燒了一鍋白米飯給我們送來。他只求我們到香港後給他寄一罐花生油。

我們順利地在凌晨12時剛過後按時下水並進入主航道。游了半小時後，我犯了一個致命的錯誤：約莫在凌晨一時左右，我看到江面上停著一條烏燈黑火的船，居然沒能意識到鬥爭的殘酷性，沒有意識到那是民兵船，還扭過頭去大聲吆喝落後了的二位同伴快游，以至完全暴露了自己。正是：裝下窩弓收猛虎，安排香餌釣鰲魚，那船就是埋伏在那裡等人上鉤的。結果，我們三人沒有一個跑得掉。他們把我們三人結結實實地捆在哨棚外面，讓暴雨和餓蚊輪番伺候了我們一宿。第二天，兩個背著杆"七九"步槍的民兵一根繩子牽著，把我們三人送到斗門收容站。在那裡關了一個月左右，再解到新會收容站。不到八月就把我們三人押回大隊。

六、第三次

　　還在倉裡的時候，王強和我想來想去，覺得澳門其實並非那麼可望而不可及。從獄友們嘴裡，我們了解到抓我們的是臭名昭著的所謂五圍哨所。然而，就憑它那條停在江心的船？在那麼一個月黑的深夜，只要悄悄地行進，摸過他們的防衛水域，難度應該是不大的。於是我們決定馬上再鬥它一鬥。程瑜在收容站受過其他收容人員的欺負，晚上睡覺時被人往臉上撒尿，心靈受到很大的刺激，退出了。同年八月中的一天，也就是我們出獄後兩周多一點，王強和我又殺它一個回馬槍。我們依照上一次的辦法，依然從睦州乘白蕉船南下，離船後依然藏身在同一地點，甚至讓那窩棚人再次給我們做晚飯。我們也再做了一次給他寄一罐花生油的承諾。天黑後我們循舊路向磨刀門的河段摸去。從我們離船後躲藏的地方到磨刀門河段，要經過幾條村子，很多田地，河汊，有二、三個小時的路程。人算不如天算，那天晚上我們遇到了特別緊密的陸上巡邏。狗吠聲彼起此落，手電筒的光柱忽閃忽現，顯然就是一副"有情況"的格局。老王和我，穿田淌河，躲躲閃閃，比前次格外小心。這麼一來，卻延誤了下水的時候。到我們終於到水邊的時候，已經接近凌晨一點了。理論上講，這個鐘點的退潮水流也已經減緩，對我們的游速有負面的影響。我們知道，如果第一晚沒有四、五個小時讓我們在天亮前游完這二十多公裡的水程，到達澳門對過的大橫琴島，下水也是白搭。於是我們退到一個甘蔗林裡等候第二晚下水。第二天，八月的驕陽把個林子曬得比蒸籠還熱。我們發揚"一不怕苦，二不怕死"的精神，在甘蔗林裡忍着酷熱的煎熬，也不敢出林子找水喝。也許是我們劫數未盡，就在我們成功地忍受過最痛苦的三點鐘的酷熱之後，下午四點多鐘，幾個拿棍棒的民兵突然凶神惡煞地出現在我們跟前。他們大吼：其他的人呢？！哪裡來的其他人？我就奇怪，我們如此循規蹈矩地躲在蔗林裡，他們怎麼會那麼准確地找到我們的呢？原來是有其他人躲在附近的小山上，抵受不住酷熱，下山找水喝，被放哨的民兵發現，於是招來其他人搜索，碰巧就把我們從林子裡挖了出來。早知這樣，還不如前天晚上下了水，說不定還會有較好的結果。

七、逃獄

不到兩年的時間，一眨眼我就被抓了三次。這三次的案底可不是開玩笑的。要是再走、再抓的話，我耽心案子會受到向"刑事"升級的壓力，那就不再是"人民内部矛盾"了。基於這種考慮，我報了"流躲"。意思是，我的姓名、住址、工作單位全是假的，我胡亂辦湊了一個台山某公社某大隊的地址，和一個假姓名。當時的中國沒有一套系統去查核真偽，但你必須在有人知道你的真面目前逃走、或越獄。這樣，一次的案子可以消得一干二淨。不過，要是你找不到逃走的機會，或是逃不掉，那你肯定會受到比較嚴厲的處罰。從押送的路上開始，我就一直尋找逃走的機會。可是，五花大綁加上帶槍的民兵，我一點辦法都沒有。走了兩、三個小時的路後，我們又被押到斗門收容站。如前所述，我這次報的是假身份。我們被投放到一個二十多人的倉房。人們每天早上都被放出倉房到井邊洗漱，午晚兩頓飯也出倉，排隊蹲在倉門前的空地上等分飯和吃飯。晚上再有一次到井邊洗澡的機會。早晚兩次的洗漱，倉員們顯得最自由。我曾經留意過一堵只有七尺來高的矮牆，上面插着有尖利的玻璃片。我琢磨：要是能找個管教不留神的空隙，往上面扔件衣服，十來尺的助跑我就有把握翻身過去。問題是，我無法知道牆的另一邊是什麼狀況。要是懸崖，那盡管是二、三十尺，也可以要命的。我打消了翻牆的念頭。

就在我煞費苦心尋找逃走機會的時候，我留意到同倉有三個家伙老是圍在一起神秘地在商量着什麼。有天下午，他們中一個高個子走到倉角的"廁所"處，站到廁所的矮牆上，伸手推頭頂上的瓦。"哦，我的天！原來他們想的和我一樣！"。可是這個後來我知道叫"阿正"

的高個子，無論怎麼努力，就是推不動那些瓦。看着他失望的樣子，我走上前去，建議他讓我試試。打量了一下我比他矮的個子，阿正遲疑了一下，嘴角掛着一絲輕蔑的冷笑從矮牆上退下來。我走上去，拈起雙腳伸左手勾住椽子，兩腳凌空，成金猴掛樹之勢。然後展右臂，發一道陰力，頂上瓦應力而松。一倉人一直鴉雀無聲地注視着事態的發展，看見松動後的屋頂透進來的光線，不約而同地一齊輕輕地"呵"了一聲。大家都明白那是怎麼一回事以及它的嚴肅性。我把松動了的瓦完全歸位後，無聲地下了矮牆。

天黑以後，我再次走到矮牆上，非常小心地把松動的瓦移開，形成一個兩尺見方的洞，然後下來。對外面的情況不清楚，第一個爬出去是有些風險的。作為打洞功臣，我自然有資格選擇第幾個出去。有一個倉友自告奮勇打頭陣，先鑽了出去。他伸頭進來，輕輕地說聲"沒事"，就自我消失在黑暗中。我跟着出去。除了拍當王強之外，我也不知道有多少人在我之後鑽了出去。王強和我，還有四位倉友決定結伴同行。

半點鐘之內我們就摸上了北行的公路。當時是不可能繼續外逃的，一心只想着回原單位鬧革命。六人急行軍，我走在最後，又走了約莫半個小時。忽然間，後面上來了好幾輛自行車在我們身邊掠過，黑暗中看得出那些人身上還背着長槍。我腦子裡頓時閃過一個不祥的念頭。說時遲，那時快，未及多想，"嘎"的一聲，這批人突然在我們跟前急刹。"糟糕！"還沒等他們有機會發話，我本能地將身子一縮就向路旁的葵樹叢滾下去。下面是一條只有幾寸水深的小河。我迅速地把身體沉進泥漿裡，只露出臉部。上面的人揮舞着手電筒，叫罵、喧嘩、搜索，擾攘了有一刻鐘左右，才吆喝着押着他們五人離去。耽心有埋伏，我躺在泥漿裡起碼過了半點鐘才敢出來。那一嚇真把我三魂嚇掉了七魄，變成名符其實的驚弓鳥、漏網魚。爬出泥潭後，我發現慌亂中丟失了一只鞋子。緊接着來的一場滂沱大雨雖然衝洗了我的一身泥漿，迷茫、驚恐卻令我迷失了方向。在傾盆大雨之中，我迷迷惘惘，方寸大亂。只好又躲進了南方的青紗帳——甘蔗林，在林子裡過了那夜。第二天天晴，晴得得一絲雲也沒有。八月的甘蔗，小得還不能入口。可那葉子卻剛好高得擋住了本來就稀罕的涼風，又矮得讓驕陽狠狠地蒸曬着每一寸的土地。中午時分，背了噴霧器來噴農藥的農民們就在我身邊走過，噴得我一頭一臉，居然沒有發現我。

雖然熱，倒也喘了口氣，也搞清楚了方向。入夜以後，我摸出了蔗林。走田基，淌小河，我向公路摸去。有一次，我走近一叢芭蕉樹，突然聽見樹叢後很明顯的人踫撞芭蕉樹葉的聲音。我迅速後撤，伏在田基後二、三分鐘，見沒有動靜，我又再前行。走到同一點上，那聲音又來了，我又跳到田基後面。這時我腦子中閃過一個"鬼"字。我定了定神，走上前去。"好吧，"我說，"如果你是來捉我的人，那出來捉我好了；如果你是鬼，那請告訴我你要我替你辦什麼事，不要玩了。"說完以後，我站在原處一分鐘左右，讓"它"想清楚。沒聽到什麼。於是我就繼續我的行程，那聲音也就沒再出現。

到了公路邊後，我伏在路邊觀察，偶爾有一輛"工農十"手扶拖拉機轟鳴着開過，那氣勢就好像是衝着我來，來搜捕我似的。我不敢沿公路走。於是，找一個空隙跑過公路，順着公路的方向走山路。那夜，沒穿鞋子的那只腳被石頭和荊棘割傷了好幾處。我坐在地上意欲舒緩一下痛楚，卻睜着眼睛似睡非睡地似乎看見周圍坐滿了同倉的難友，且真的開口和他們說話。到那時我已經逃出來二十四小時，滴水未進，一點東西都沒下過肚，沒睡過，還不斷受着驚嚇。我真的是太累了。而且，習慣群體生活的人類，在驚慌中長時間沒人相處的處境非常不好受。估計人們說的"精神分裂症"恐怕就是長期處於這種環境的原因之一。"醒"來以後，我就着微弱的光線在山上走。有次，走着走着突然兩腳一空，緊接着是下巴狠狠的撞到自己的膝蓋上，胸口痛得昏過去有幾秒鐘。回頭一看，朦朧中原來我從一個一丈來高的地方掉了下來。拖着一拐一拐的腳繼續走，卻又禍不單行，掉進了一個齊膝深的泥潭裡，想着走出來，一下子就變成齊腰深了。嚇得我顧不得泥槳的髒，馬上盡量平躺身體，半爬半滾把身子拖出那泥潭。不覺又走了個把小時，又痛又累又餓，我忽然看到不遠處黑壓壓的一片似是番薯地。我餓鬼似的走近去，摸摸果然是番薯藤，於是發掌功往泥裡插，卻只摸到幾根細根。也好吧，摸幾根稍微粗一點的，往身上揩一揩上面的沙泥，就坐在那裡享用我三十小時以來的第一頓晚餐。

杯弓蛇影，我還要躲避任何有人跡，有亮光的地方。黑暗中，我終於又再度迷失了方向。走到一個山頂上，天忽然下起傾盆大雨。無奈之下，坐在山頂上，我又以迷失方向為借口，賞給自己一個休息的機會。瓢潑似的雨水盡情地，均勻地落在我頭上、身上，不但洗干淨我身上的污泥，它就如在我身上罩上一條水制的被子，擋住了涼風。舒服之余，我頭伏在膝蓋上不知不覺地睡了過去。也不知道雨是什麼時候停的，醒來時，已是七、八點的光景，只見又是一個艷陽天。在山頂上，手搭涼棚一望，看樣子我已經走到和新會縣交界的斗門大隊附近，那其實也就是我要去的地方。由於我掉了一只鞋，只穿一只的樣子更可疑，於是我把剩下的一只也扔了，穿着的確涼的"上水褲"，（登陸澳門以後必須穿上時髦的衣褲，以喬裝本地人躲過澳門警方。我花過大約三十元錢從回鄉探親的香港客處買過兩套衣褲）光着腳下山。下山以後，在公路上走着，偶爾有知青騎着自行車從身邊走過，也有回頭投以奇異目光的。那時的珠江三角洲地區，已經很難見到穿舊軍裝，戴軍帽，紅衛兵般穿戴的知青。內心逐漸形成反叛意識的知青們慢慢形成一種用衣着、外表宣洩他們內心的傾向。思想前衛的他們，不論男女，都喜歡穿通過港澳親友渠道進口的衣褲。頭上也會抹上當時流行的髮乳。所以，單憑外表我就能判斷哪一輛自行車能幫助我。我很容易就有把握讓對方把我載回他（甚至她）的住處，讓我好好的洗一個澡，吃一噸飯，睡一個好覺，然後借給我一些錢，讓我堂而皇之地乘坐公共交通工具逃出那個是非地。我有幾次衝動想向他們求助，話到嘴邊卻又收了回來。想着，我已脫離險境，寧願把成功逃脫的光榮完全留給自己。

八、劫數未盡

可能真不該如此自信，或許是劫數未盡。我正悠然自得地走着，忽然一只大手重重的拍了一下我的肩頭。回頭一看，見到的是斗門收容站站長猙獰的冷笑。"郭站長"，無可奈何之下我皮笑肉不笑地叫了他一聲。我當時的本能反應是不要激怒他老人家而招致一身毒打。原來那天剛好解犯人，司機下車吃飯，解放牌卡車剛好停在我走過的一個三叉路口，郭站長就坐在駕駛室司機旁邊看着我走過。就有那麼巧的事，我逃出來一天兩夜之後又被抓了回來。不是命是什麼？

也可能是他忙着解犯人，我合作的態度果然免了一身打。他把我狠狠的捆好，招來一輛運輸的單車把我運回收容站。二倉的倉友們從那作門的幾根圓木的空隙中伸出他們的臉，呲牙咧嘴又是叫又是笑，驚訝我逃出去那麼多天以後還是被綁了回來。

當天晚上我被命令以雙手環抱一棵直徑約莫30來40公分的大樹，他們用手銬把我銬在樹上，不讓吃不讓喝，算是給我的教育。那棵樹的位置剛好對着女倉的幾個窗洞，而全部倉房晚上都不熄燈的。我的臉正對着那幾個窗洞。八月的南方，酷熱的晚上，我們男倉晚上自然都是光着膀子睡覺的。女倉當然不行。男管教們為了安全，經常在只有幾根門柱的門裡向倉裡張望。但也真是太熱了，她們只好穿着只能遮掩敏感部位的內衣褲，盡量涼快。透過窗洞，不管我願意不願意，上格床上的穿着單薄內衣的幾個女犯的一舉一動無情地闖進我的視線裡。在那以前，我從未見過那麼暴露的女性。真是要命！睜開眼睛吧，眼前的景象令我志忑不安，但也總不能老閉着眼睛啊！睜眼不是閉眼也不是，也不知道那是否管教特意對我附加的煎熬！

倉友們後來告訴我，那天總共有二十人逃了出去，當晚就抓回十五個，管教和倉友都以為我逃出生天了，不料卻成了第十六名。阿正及他的朋友阿基也沒跑掉。倒是他們的小朋友宣仔和另外三人分別逃掉了。我後來也知道，那天晚上我們出去不久，留下來不逃的人沒有按照他們原先許諾的那樣延遲報告越獄的情況。他們提早叫了，收容站方面才有時間通知縣武裝部參加捕人。然而指望留下的倉友保守承諾也是不實際的，站方可以原諒他們無力阻止我們逃走，也不可能在我們出走的過程就叫。但如果他們不通知，或者在我們逃出後太長的一段時間才通知管教，他們肯定會受皮肉之苦的。

能抓回百分之八十，收容站方面還算滿意。第二天，全體越獄人員集合，全部剃光頭。儀式完畢以後，管教們取來十六副手銬，讓我們每人把雙手垂在胸前，各自鎖了起來。有懇求管教將手銬鎖得松一些的，他們開鎖後，反而緊多一個眼，弄得懇求者哭喪着臉後悔。我看了，雖然自己的也很緊，哪還敢多說？往後的那幾個月，我們的起居飲食，包括刷牙吃飯洗澡上廁所，一秒鐘也沒跟手上那"8"字分開過。有一次鄰倉發生打架事件，有人被群毆至重傷。事關重大，站方決定搞一次批判會，好好教育教育這批打架和逃獄人員。我們被提出倉外，為了提高教育質量，管教們不嫌麻煩，更把我們每人的雙手反鎖到身後。這樣在他們一邊問問題，一邊把那條棍子在我們面前晃動的時候，威嚇力度明顯地有所提高。為了起到殺雞警猴的效應，姓梁的管教首先拿個人開刀，可能是不喜歡見到跪在我身旁的阿基居然敢和他對視，這老兄不幸被選上了。梁管教那條棍子往他面上戳了一下，痛得他倒在地上打滾，一臉都是鼻血和眼淚，非常狼狽，還不准表示不高興。其餘的幾個管教，把一條條齊眉棍舞弄得呼呼作響，間或隨意在我們的光頭上敲打幾下。我蹲監獄從來很聽話，很懂得如何裝乖孩子，躲過了很多棍棒。

打那以後，日子過得非常平靜。想起來，那帶着手銬的三個多月倒讓我享受到人生難得的寧靜。在其它的任何時候，人都被俗務煩忙得叫救命。我那時非常清楚他們不會在短期內放我，也沒有當天，明天、後天要做的任何事情。自從那次以後，站方在所有的房頂上加了一層用大竹子編的網。在那種情況下，加上手上的那副手銬，就是插翅也別想逃跑了。這倒讓我有了心安理得的理由，可謂心如止水，萬念皆空。深山裡的和尚大概也就是這種心境了吧。那種平靜心境的美妙是我以前、以後都沒有享受過的。如果當時裡面有書，我相信沒有比那更好的學習環境了。為了打發時間，我們白天在倉裡還是想盡了法子娛樂我們自己。我們用紙片做了像棋。雖然帶着手銬，我們還玩角力游戲。累了以後，我們吹噓我們吃過的、聽過的美食、美酒。斗門收容站有一條奇怪的規矩：收容人員可以接收家人郵寄的包裹。這條規矩讓我們那幾個月沒斷過煙，那是最人道了。1974年中秋節那天，我們不但在晚飯裡見到了肉，很多人還收到了家裡寄來的月餅。通過那些圓柱子，我們居然沒有辜負那一輪皎潔的明月。最絕的是那位叫阿基的同倉，即使是"太陽從東方升起"這麼簡單的一句話從他嘴巴吐出來都可以變得非常娛樂，動聽。他表示可以講整套《基度山恩仇記》並講了兩晚。他揮舞着上了手銬的雙手，打拍子般更增加其抑揚頓挫的感染力，聽得全倉人如醉如痴。這家伙跟着賣個關子，第三天推說費神費力，支支吾吾就不肯講下去，把一倉人恨得牙癢癢的。大家都知道他懷的是什麼鬼胎，但他的故事又確實是好。我這人遇到問題總能見招拆招，想出解決方案。於是我提出一個建議：我們每人每餐向他奉獻一口飯，請他繼續講下去。他假裝羞羞答答地推搪了一下後答應了。

　　我的建議得到倉裡大部分人的同意。有幾個不贊成，借口以前已經聽過，拒絕犧牲一口飯。吃飯的時候倉友門大都能自覺奉獻，也有的故意躲在一旁，希望能蒙混過關省了那一口飯的。我只好每次吃飯時領着阿基到那些人跟前，收租似的，曉以大義，務求達到公平以及讓節目能繼續下去。有道是：重賞之下必有勇夫，在每餐增加十幾口飯的鼓舞之下，阿基精神為之大震，那銬着的雙手揮舞得更加出神入化。那故事就講了兩個多月。

　　管教們很快也發現了我們的乾坤，往後的日子，幾個立場站得不很穩的他們，一到鐘點就上來，靠着門口那幾根圓木，笑眯眯地和我們共渡好時光。阿基很會就聽眾的狀況因地制宜加油添醋。他特別在食物、飲宴那樣的情節裡大加渲染。比如說到鄧蒂斯逃離依夫堡，被海盜船救起後，他刻意地形容了一翻海盜們給他提供的食物。由於我們都曾逃獄，一定程度上有些代入感，講到那些食物的時候，不少人覺得好像自己就是當時的鄧蒂斯，美得不斷地吞着口水。我後來看過中英文版的譯著，阿基在獄中講的，准確度約莫在98％左右。

九、放監，休養生息

這一關關了三個多月，是和王強一道被綁着牽回大隊的。自從我第一次回去之後，說得好是撕破了革命的外衣，說白了就是抓破了臉，不必繼續假革命了。奇怪的是，和干部社員們的關係反而更好了。隊長在我跟前一改以往頤指氣使的凶神惡煞，和我說起話來居然低聲下氣起來。有幾次笑眯眯地問我是否有興趣挑點什麼活干干，可我都非常禮貌地謝絕了他的好意。我估計這家伙是終於醒悟，眼前這偷渡的主說不定那天真成功了，搞不好變成個有錢人也是可能的，不如趁早先比把他巴結住。大隊新任團支部書記不知是想挽救我抑或想利用我的一手俊秀的粉筆字，說服了我好幾次在大隊的宣傳欄上抄寫了幾篇批林批孔的文章。這種優差是以前做夢都想不到的。我一邊陶醉在自己的粉筆書法上，一邊卻為眼前的現像惡心：文革、知識青年上山下鄉，批林彪，批孔子，批周公，不但兩報一刊批，連這飯都吃不飽的農民也在批，孔子究竟跟我們有什麼深仇大恨？見着這一切，更加堅定了我逃離這個地方的決心。每次看着我自己雙手被反綁在身後，光着頭的樣子，我雖不為自身的狼狽覺得羞恥，卻也為屢次失敗而懊惱。每次走進收容所，我一想到父親心裡就特別難受。從我下鄉那日開始，七年來父親一直從他那一百多一些的養家工資裡每月接濟我十圓錢，不夠時，再加幾圓，從未說過一句重話。養兒養到我這麼大，還是長子，不但不能令他寬懷，享點福，反令他擔憂，令他蒙羞，真是一種剜心的痛楚。我只是希望能好好的自立且能在經濟上讓父母寬懷。只希望能早日逃出這地方，也能找一份有工錢的工作，舒舒服服地養活我自己，甚至養一個家，偶爾也能請父母上上茶樓、飯館。

放監回來後已經是七四年的深秋。對我們這些游水的人來說，是個不合時令的季節，故也只好順應時勢，休養生息。忘記了是如何起的頭，或者就是那種玩它一把的心態，我開始在晚上在王強的知青屋裡開講《基度山恩仇記》。每天晚上，知道這事的知青們，農民們，包括我的生產隊長，約莫一、二十人，就會依時依候地到王強屋裡，聽我開講。令我自己也非常驚訝的是：當日阿基在獄中講的，我都記得一清二楚。連他的神態，語氣，操詞用字，我都毫不費力地自然和盤托出。甚至每天晚上在哪裡停，我都毫不費力準確無誤地照辦。兩個多月的故事，沒有任何書寫文字牽涉在內，就像一條小河似的，自自然然地流。我也絲毫不必在日間做任何准備，一到晚上，當晚要講的自然就從我嘴巴裡流淌出來。我估計這和當時的心靜加上演講者的出色有關。我雖然能說地道的農村土話，因為阿基說的是地道的廣州話，我還是選擇用純正的廣州話講這故事。我講的時候，好像阿基躲在我的腦袋裡講，由我嘴巴說出來的感覺。全屋人那如醉如痴的程度和當日我們在二倉沒有兩樣。七四年，在一個農村，能聽這樣的長篇故事，不用說，是檔次極其高的享受。

故事講完，轉眼跨進了我的本命年，1975。到這個時候，我心目中所追求的已經超越了簡單的生存物質。私底下，我甚至耽心大隊對我太好，讓我抽調回城當工人。要真讓我回了城，再偷渡就沒有那麼理直氣壯，沒有那麼瀟灑。到那一刻，我對社會上的各種扭曲的現像以及對壓抑的承受力已經接近極限。雖然被抓了三次，還有一次逃獄失敗的記錄，我為自己選擇的道路感到欣慰。我不屑那些相互競爭，可憐兮兮地表現自己，希望被抽調的行為。就算爭贏了，當上個黨員干部又如何？在那樣的地方當官，必須戴上那面具，一個人一生不能以真情實性生存，且要扭曲靈魂，睜着眼睛說瞎話，縱有官祿富貴又如何？我幻想一陣狂風把我吹起，把我吹到國外。我腦海裡有些朦朦朧朧的意境：英格蘭或蘇格蘭那些鄉村，一望無際起伏連綿的翠綠丘陵，遠遠的有座尖頂的教堂，三兩村屋。我閉着眼睛想，如果有一陣大風，能讓我控制風向，風速，我一定會選那麼一個地方落下，讓我在那樣一個使用英語的地方自由自在地自生自滅，我就很滿足了。為甚麼是使用英語的地方呢？其實那時我已經意識到英文的重要性，隱隱約約覺得那是先進文化，先進生產力的代表，是一個世界性語言。正如把一個小孩扔進水裡，是最有效的逼迫他學會游泳的方法一樣，把我扔在一個使用英語的地方也許就真能令我掌握這種世界語言的夢想成真。我甜蜜地幻想着。

我絕對是鐵了心要逃了。我的心態已經升華到了"偷渡掛帥"的境地，而且堅定地奉行一套兩個"凡是"的政策：凡是不搞偷渡的朋友不交，凡是"與偷渡無關的事情"不聞、不問、不做。

不過，七五年年初發生了一件看似與偷渡無關，卻令我難以忘懷的事。那時我已和獄中認識，講《基度山恩仇記》的阿基交上朋友。他在廣州居無定所，長期寄居在他的朋友陳錦榮家。有晚我去錦榮家找他，不巧陳家在辦喪事，錦榮的八姨婆去世了。她老人家臨行前吩咐不要火葬。不過當時的廣州不是老人家說了不火葬就可以不火葬的，土葬可是犯法的事。午夜過後我和阿基，錦榮以及其他幾個朋友用三輪車將棺材偷運到珠江河邊，抬下小艇再運出廣州市。深夜時分將棺木運到廣州糖廠附近，再幾人合力抬到一個他們預先找好的墳地。雖然是黑夜而且下雨，也不能扔下八姨婆的棺材不顧，大家都一致推薦我和阿基留下守靈。寒風雪雨，墳地上到處都是慘白色的招魂幡和紙錢，偶爾有一張半張迎風而起，飄揚三兩個墳頭又落下，似是陰間的魂魄，趁着夜色串門兒。蓋着棺材的塑料布一晚上都被風雨吹打得"啪啪"作響，我和阿基不負眾望，每人裹件棉襖，撐一把傘，鋪塊塑料雨布，就那樣坐在墳地上，守着八姨婆的棺材踏踏實實地睡了一夜。第二天下葬的時候我祈求八姨婆在天之靈保佑我"順風順水一路去到尖沙咀"（九龍最繁華地段）。其實我記憶中似乎並不認識八姨婆，可能是我的仗義為她守靈感動了她，後來真的在冥冥中助了我一把。

十、第四次

我果然在幾個月後遇到了貴人。七五年，王強在和我失敗了兩次後受到相當大的社會，家庭壓力，決定退出。雖然沒有了同伴，我是絕對不會退縮的。要是果真物色不到拍擋，獨行俠也要鋌而走險。在生產隊個別談得來的人堆裡，我說：就是打斷我的腿，爬，我也要爬到香港。七月底，一個偶然的機會在路上見到高三的林君，大家把各自的自行車停下，攀談起來。十幾歲的讀書年代，一個年級差別都可以成為高班生歧視低班生的理由，我一個初二生能交上個高三的朋友，是因為我當年在學校是個足球明星。林君也是體育活躍分子，籃球打得特別好，我們所以能成好友。他知道我的經歷。當話題轉向我當下的無所作為時，他告訴我他弟弟文彪在斗門五圍哨所以南的公社有知青朋友可作內應，而他弟弟正在物色拍擋，並建議我找他弟弟談談。

事不宜遲，當晚我就登門造訪。聽文彪介紹了情況以後，我也講述了我自己過往的經歷。當我問他要尋覓什麼樣的拍擋時，文彪說我找的就是你這樣的人。識英雄重英雄，我們一拍即合。他後來又再引進一位叫洪一昌的朋友。洪的優越條件是他爸爸在香港有生意，而且澳門有朋友。當時我建議一反我以往的做法：這次走月光水，也就是農歷十五。月光水的好處是水流急而令到浮游速度快；民兵巡邏松懈；我們也可以憑天上月亮的位置判斷時間。當然，它的壞處是自身目標容易被發現。我們解決的辦法是每人在頭上罩上一頂透明的塑料帽子，或者一個簡單的塑料袋子，這樣，月光照到塑料帽子會反光，不至於在鱗光閃閃的水面現出一個個的黑頭。我的經驗加上有力的分析贏得了他們的信賴。他們接受了我的建議。

　　七五年八月二十號，農曆七月十四，王強一大早用單車把我送到去斗門的車站。中午時分，我們到了斗門縣城井岸，用偽造的假證明通過車站的關卡。當地接應的知青張建華等在井岸的一家飯館和我們會合。飯後我們坐渡船過白蕉。以往我和王強他們都是在白蕉以北10公里左右的地方離船，然後往東走。這回我們南下了10公里，走路的方向是正東偏南，可想而知我們的下水點會比前兩次先進不少。不過，到這種地方需要當地關系接應。張建華等帶着我們走了幾個小時的險像環生的路，進入預先為我們預備的茅屋。說它是險像環生，因為中途曾遇上帶槍的民兵，要是他們警惕性高一點，或是多事一點，稍為一盤問我們很容易就露馬腳。當夜十一點多，我們飽餐後迅速向水邊摸去。

　　十二點多，明月當頭，剛開始退潮。月色下只見江水滔滔向外流。我還是第一次在這麼南的地方下水，檔次簡直是太高了。為了避免制造聲響引起注意，我們三人用一根細繩子互相牽着，當我們需要談話的時候，牽動繩子把其余二人招到身邊，壓低嗓門說話。水流很急，岸邊的景物向後移動得很快。下水不一會就到了磨刀門口，稍為一個左轉向東，就進入了航向澳門的主航道。那時我們離岸大概有一、二千米，海浪差不多有一、二尺高。洪一昌拉動牽着我們三人的繩子，他有點怕，壓着嗓子說風浪這麼大不如靠岸看看再說吧。我用一句非常不客氣的粗話否定了他的建議，把這種右傾投降主義傾向徹底地打壓在萌芽狀態。

　　乘風破浪，很快，我們就遠遠地看見了澳門葡京酒店前凼澳大橋的燈光，越往前游，我們就看到越多的橋和燈光，越亮。資本主義世界就在眼前，自由就在眼前，隨着一蹬腿，一劃手，越來越近。那是一種非常振奮人心的鼓舞。心情興奮，令游水變成了享受，一點疲乏都沒有。而且，游離出海口後，風浪就小了。遠處輝煌的葡京大橋和泛着銀光的海水相輝映，那景色煞是好看。凌晨四點鐘左右，我腳下觸到硬物。我意識到，我們到橫琴島西端了。澳門是由澳門，凼仔，路環三島組成，橫琴有多大我們也不知道，但它的東端與三島之一的凼仔島只有一水之隔。我們都未曾到過那裡，只是通過學習地圖知道這些。橫琴雖是大陸地界，正是我們第一晚的目的地。我們繼續東游，想在天亮前多游一些，盡量靠近島的東端，第二晚就能輕鬆一點，於是又東進了一個多小時。

突然間，一陣雷鳴似的吆喝聲撕裂了寧靜的夜空，拉槍栓的聲音更叫人心膽俱裂。他媽的！到這時才遇上這幫喪門神！我馬上意識到發生了什麼事情。說時遲，那時快，我即刻頭一沉沉到水裡，把細繩子扯斷，把身上帶着裝備的書包一拉放掉，然後腳蹬淺灘，逆水潛逃。也不知潛了多久，到水淺得不能再掩護我的時候，一翻身站了起來，見到天色已經大白，遠處有一條公安船，而洪一昌就在不到我十米的地方。天助我也！我倆不約而同，沒命地往島上跑，也不知跑了多久，跑到半山往樹叢裡一鑽才坐下來喘一口氣。由於我們向東游，那公安船躲在島的黑影裡，我們看不見它，漸漸發亮的東邊卻將我們的行蹤暴露在他們的眼底下。他們以逸代勞，本以為等我們游近後甕中捉鱉。不想我們得道多助，神明庇佑，幾下功夫就把他們拋了個離天隔九洲！危急中，洪一昌不約而同地和我做了同樣的事，文彪則不知所蹤。（我們後來在香港找到他。）我後來想，唯一的可能是那些公安以為浮在水面的裝備包是我們的人頭，追它們去了。說真的，以當時的實際情況，我很難相信就憑我們那幾下功夫就可以把那些邊防公安甩掉，若非超自然力量的介入，我那次一定又被他們毀了。

我和洪一昌不約而同地往山上跑，一頭鑽進灌木林裡。當然，我們的磨劫還沒完，我們要挨餓了。除了身上一條球褲之外，我只有用安全別針固定在短褲後袋，用幾層塑料紙包得嚴嚴實實的一撮煙絲，十來張煙紙和火柴。洪不抽煙，那些煙就是那天唯一和我嘴巴有過接觸的東西。那些年買不起煙卷，抽的都是自卷的生切煙。我把煙卷好，有十幾根。以後大約每小時就享受一根。在那種關頭，那可是我的精神食糧。那十來根煙雖然不能飽我的肚子，幾下濃烈的吞雲吐霧，對穩定情緒，恢復智慧和冷靜起到非常關鍵性的作用。那是八月二十一號。我們就那樣躲在山上一條隱蔽的小溝裡，連水都找不到一滴。枉他肥胖，老洪有幾次冷得上下牙震得咯咯作響，可能因為我有煙抽，感覺還好，我只好緊緊地抱住他，才令他回過氣來。

　　終於熬到金烏西墜，玉兔東升。晚上九點來鐘，我們下山繼續水程。八月的水，本不應該冷的。可我們游了一個多小時以後，可能是消耗太大而沒有補充，連我都冷得直打哆嗦。我們於是上岸沿岸邊走。剛走到水邊的樹叢，我的天呀，就在我們半分鐘前離開的航道上，一條小船無聲地滑過，船上有五、六個帶槍的黑影。怎不叫我相信那是神明在暗中保佑！在路上我們見到有稻田，一摸，八月的禾苗還沒抽穗、灌漿，要不然我們起碼可以弄幾把卡路里往嘴裡送。兩點半左右，我們來到了橫琴島的東端。水邊有個碉堡，月色下見到裡面有人影，還是背槍的。我們非常小心地盡量地避開碉堡，無聲地滑入水裡，向着氹仔游去。整個澳門就出現在我們跟前。好家伙，這時候我才看見，海面上起碼有三四條炮艇，烏燈黑火，偃旗息鼓，那些機關炮卻都卸下了炮衣。正為眼前的景像驚駭，卻猛然發覺不見了身邊的洪一昌。抬眼望去，見他的人頭飛快地向對岸漂去，拋下我足足有二十米。我想追上他，卻突然發現我的手腳居然不聽使喚起來。我的泳技本在洪之上數級，一路來只有我在體力上幫他，誰知這關鍵時刻我卻弱了起來，肥胖的洪一昌身體儲存的熱量卻在這關鍵時刻幫了他。可憐我這時疲憊得連水都劃不動，只能輕微地擺動我的前臂和手掌，控制游向。那是我人生第一次在體力上覺得這麼無助。看着水面的炮艇，我也不敢叫他幫我。只要我們任何一個發出任何聲響，我知道，我們就會一鍋端。我只好用余力半死不活地稍微擺動手腳掌握方向，就着水流斜斜地向對岸衝去。到這個時候，我們已經游了三十公里，八、九個小時的水，二十八小時沒有東西下過肚。

十一、逃出生天

凌晨三點半（我一直都是憑月亮在天上的位置看時間。測驗過，誤差不到十分鐘），我終於游到對岸。這時我的確是筋疲力盡了，倒在碎石灘上就睡了過去。一刻鐘之後我醒了過來，又恢復了體力，於是正式登陸。那裡剛好有個燧道。燧道口的磚牆上貼著宣傳招紙，上面印著"請投神聖的一票"的字樣。而且，那是用"繁體字"印的。我這時長長地舒了一口氣：我終於逃出來了！那是一九七五年八月二十二日凌晨三時多。

我跑過公路，攀上小山。看看天時尚早，倒在一塊大青石上意欲休息一會，但始終難以心安。因為我必須在天亮前找到人家收留，要不然，被澳門警察抓到，就會被反解回大陸。我於是向山下的村莊摸去。剛到村口，瘋狂的狗吠聲鋪天蓋地，令我不敢接近，只好又回到山上。四點半左右，我摸到了橋頭一個像是空置的工棚裡。正在琢磨該怎麼辦，突然門外來了腳步聲，還沒反應過來，手電筒的光柱已照到我臉上。我心一沉，心想壞事了。不想那人竟將電筒光柱移開，一邊忙不迭地向我賠不是，一邊轉身要離去。那情景宛如一年多前在小山上的碉堡一樣。我早已心裡有數，反客為主，一個箭步衝前，拉住他的手。一邊溫柔地撫慰他，一邊把他往屋裡拉。是一個姓簫的中山人，也是從大陸來澳門的，四十來歲，在石場守夜。沒有費太多的唇舌，那個守夜人收留了我。那個節骨眼上，除了安全，第二項重要議程就是填肚。聽到我說肚餓之後，他拿出一大包餅干，讓我狼吞虎咽地吃了個夠。我特別不能忍受骯髒，於是他指我跳進山邊的一個清澈的水塘，結結實實地洗了一把。下一步是他獲取我香港方面的關係信息，指使他的一位同鄉到香港找我的關係。那些天裡，他把我鎖在他的小倉庫裡，每天兩頓絲苗白米飯，外加一罐"五香鳳尾魚"。雖然頓頓一樣，對我而言已經是山珍海味了。焦灼的八天以後的一個傍晚，聽到外面有人聲，我趴在地上從門縫往外看，是我四年多未見的表弟！那一刻內心的激動難以用筆墨形容！我非常鎮定地等待他們打開倉庫門。表弟帶來了一套大地牌襯衣、鸚鵡牌的確良西褲讓我換上。是他用九百塊港幣把我從石場守夜人那裡贖了出來。在1975年，那是一個普通製衣廠工人約莫兩個月的收入。表弟叮嚀我：你現在還是五五波（50%成功率的意思），還要小心。因為在1975年，港澳的年輕人是留長頭髮的，而我頭上還是大陸的短髮。所以，帶我出去的過程還不能完全排除被澳門警察盤問的可能。手裡拿著一本當時還相當"黃"的《新知》周刊，坐市內巴士，我們到了澳門市區的一處酒樓。表弟招待了我一頓非常可口，非常豐盛的晚飯。當晚喝的是德國的"藍妹"啤酒，我吃了約莫15碗飯（不大的碗）。

飯後表弟帶我到他預聯繫好的洪一昌父親朋友的魚欄。那是在"新馬路"旁邊的"白眼塘橫街"。我在那裡見到了分別了八天的洪，並和他一起在澳門住了10天。魚欄樓上是一個英文書院，每天傍晚，夾着書本的青年男女就會魚貫地到書院上英文課。那些青年們多麼地令我羨慕啊！到了香港一個多月後，我也到一處英文書院上課。兩年的夜校，我跳了一次級，每次的考試我都不是第一就是第二，沒有例外過。10天後，由頗有社會關係的洪父安排，我們各自懷揣兩只糯米雞，趁夜色上了一條俗稱"大眼雞"的機帆船。洪父以七百塊港幣一位的價碼安排洪和我一起"屈蛇"去了香港。

兩周後，我們在香港新蒲崗見到了文彪。他做了和我們大同小異的事，也逃過了民兵的追捕。

十二、香港的日子

到香港後，切切實實地體會到自由的可貴，那種甜蜜幾乎難以用筆墨形容。記得在香港的那幾年，半夜醒來，會自問：這裡真是香港嗎？不是在做夢吧？當我觸摸到那鐵床，確確實實知道自己不是在夢裡，就會感覺到一種來自心底的滿足。在明確的法律框架內，我有選擇做任何事或不做任何事的自由。在工作方面，我選擇當搬運工人，因為這工作時間不是太長，而薪水不錯。我倚仗在農村練就的本領，憑一副肩膀，一身腰板揚威港九苦力界。到香港後，我鐵了心要學好英語語法。我做到了。來美國幾十年，到今天我依然在學習。語法基礎打好了，就像一棵大樹的主幹枝椏長好了，往上面添枝加葉，約長越豐滿。

到香港後兩週，我的髮小米高就以難民身份離港赴美了。1976年，身邊的朋友們紛紛以難民身份申請去美國。我早就夢想能到一個說英語的國家生活，能去美國，正中我下懷。於是馬上到銅鑼灣的國際社會服務社遞交申請。那時我們獲得移民資格的條件是，必須要有美國人為我們提供經濟，工作等擔保。我在美國舉目無親，只有剛到美國的髮小米高。不管了，先遞了表再說吧。

到香港兩個月後，我受高薪誘惑投身了苦力行業，在觀塘跟車送貨，是扛牛仔布和紡織用的機頭。工資是按件算的，收入不錯，是一般工廠工人的兩倍左右。

到了1977年，香港地鐵還在挖掘階段，泥工的薪水是苦力工的兩倍。我放棄了苦力工，轉行到地鐵當泥工。

1977年，國際社會服務社已經幾次催促我提供難民擔保文件。米高未夠資格入美籍，我也無法找到其他人為我擔保。這時我想，我應該想辦法混入英美人士的圈子，看能否找到機會交個美國佬朋友，建立點美國人脈關係，從而解決擔保人的問題。我甚至異想天開底憧憬交上一個像電影裡見過那樣的金髮碧眼身材惹火的美國姑娘。這樣我就可以一舉兩得，畢其功於一役，甚至把個人問題也一併解決了。

我有一個優點。幾乎可以說不論任何場合，我總會有一雙慧眼，分辨出人群裡的優秀份子，然後靠攏他們。到香港後因為米高的關係我不失時機地結交了一些醒目的廣州仔。那時香港太子道有個大學服務中心，是幫助西方學者做研究的去處。新結識的老劉就是當時朋友堆裡的佼佼者，他在中心做事。我對老劉說我想找鬼佬同居，如果有西人找人分租房間，那就最好不過了。老劉答應為我留意。

1978 年年初，老劉夫婦移民美國，他臨行前把我的請求囑託給他的繼任人陳小姐。

1978 年四月的一天，陳小姐給我打電話，說是為我找到一個鬼佬，讓我馬上去太子道服務中心去和他見面。見了，叫 Mark，是個澳洲籍的英國人。唉我一心想要找個美國人，卻碰上個英國鬼。有些失望。將就吧。

馬克是自由新聞撰稿人，靠寫東西四處投稿賺稿費維生。我還做我的地鐵泥工。馬克雖然不是美國人，但我可以通過他混入西方人的圈子，或許有機會結交到美國朋友。於是放假的日子，我經常跟着他和他的鬼佬朋友玩。鬼佬幾乎不能沒有女人。馬克到香港幾個禮拜之內就交了個香港女孩叫 Coffee，咖啡。他和咖啡一起，加上我一起去了幾次銀礦灣。回來後他對我尚未交過女朋友表示很驚訝。他笑着告誡我這是浪費人生，不好。

沒有女朋友首先是我的職業原因，同事中從未出現過女性苦力，或者是女性泥工。另外則是觀念問題。即使在香港生活了三年多，我的戀愛觀依然陳舊和落後。一直到我結婚前，我都覺得如果我要約會一個女性，她必須符合我未來妻子的條件。而慢說在香港的那幾年，就算是來了美國幾年之後的大學期間，我都沒有覺得自己已經達到談婚論嫁的條件。所以，我婚前的羅曼蒂克史是空白的。

一兩個月之後，我的社交圈子裡就多了幾個英國人，南非人，美國人，又都是白人。又過了兩個禮拜，馬克又約我去長州，並告訴我，一個叫 Lori 的美國女孩也會去。嘩，我登時心花怒放，一心以為有鴻鵠將至，心想，發達了。

週六早上，Lori 如約前來中環碼頭與我們三人會合乘船去長州。遺憾的是，女孩一點都不像我在電影裡見過的美國女，連身材都矮小而臃腫。

美籍女孩，這不一直就是我的宏圖大略嗎？怎麼會是這個樣子的呢？……我可以睜一隻眼閉一隻眼嗎？唉！

沒辦法，我必須保持適當的禮貌。這樣，Lori 卻誤以為我來了感覺，坐船的時候一直用身體往我身上靠。馬克在對面看著，做著鬼臉朝我頻頻發送鼓勵的笑容。我則是心裡叫苦。

我們去了沙灘，然後去吃飯。我掩飾著我的失望，不失時機地和 Lori 說了不少話，練習我的口語。她也非常認真地恭維我，說我的英語說得好。

晚上我們租住長州的民居。一個房間，兩張大床。洗好以後，馬克和咖啡相擁著滾到裡頭靠牆的床上，不時發出些曖昧的笑聲。奶奶的，我怎麼辦啊？坐在沙發上不知如何是好，只好裝扮成很累的樣子，眯縫著眼睛靜觀事態發展。

Lori 把燈熄了。黑暗中我眯縫著眼睛隱約看見她脫光了衣服，爬到床上。然後她對我說：come on。

怎麼啃啊！？

我硬著頭皮說：That's ok, I'll sleep in the couch. Good night. 幸虧，那裡還有一張髒兮兮的沙發。不然，我如何推搪得了啊！

第二天，Lori 對我的熱情明顯地消減了。我和她也就沒有了下文。

1978 年底的一天，馬克晚上回家對我說，有個朋友這個週末請他到家裡吃飯，問我去不去。怎麼會不去呢？當然去！馬克隨後也告訴我，這人叫 Johnathan Basset，他在這一年的年初被中國大陸驅逐出境。哦，原來如此！我知道這事，年初我在【明報】簡而清專欄讀過這則消息，簡而清是為一個被中國大陸驅逐出境的加拿大【環球郵報】記者抱不平。

週六晚上我們如約前去港島半山 Johnathan 的住所。他是當時美國時代週刊的香港負責人。Johnathan 不是美國人，是加拿大人。當他知道我的意圖和沒有擔保人的困境之後，通知了他在加州 Santa

Barbara 的朋友 Roland Green，請他出面為我擔保。以後一系列的運作，包括 Johnathan 親自給美國駐港總領事寫信等等，令我終於得償所願，於1979年五月移民美國。因為 Roland Green 是電腦通訊公司的老闆，我在他公司上班期間意識到自己初中二的文化水平太寒磣，由此激發了我29歲重新入學的想法，並最終於六年後取得電機工程學士學位，算是圓了個大學夢。也因為我到美國的第一份工作和電腦通訊有關，也讓我從那以後進入了電腦通訊工程行業。

三十多年前，毛澤東大手一揮"知識青年到農村去，接受貧下中農的再教育，很有必要"就把千千萬萬，十多二十歲正在長身體、長學問的青少年送到農村去。"苦其心志，勞其筋骨，餓其體膚，空乏其身"，惡劣的環境確實鍛煉、造就了一些英雄好漢，也令千千萬萬的人埋葬了一生難得的青春，甚至毀了一生。以我自己而言，恐怕真得謝謝那個革委會成員。要是我當時留城繼續升高中，恐怕就沒有了偷渡的覺醒，也沒有了我眼下的今天。下鄉，鍛煉，覺醒，尋路，挫折，逃出生天，從東半球的農村遷徙到西半球，走的是一條被"置之於死地而後生"，殺出重圍卻幸運地沒有因此流過一滴血的路。

十三、回憶與反思

我很感激老天爺對我的眷顧。回顧過去幾十年，在農村的那幾年雖然辛苦，卻實實在在的鍛鍊了我，提昇了我的硬實力，把我敲打造成一個硬朗的人。在香港的幾年我能成為一個優秀的苦力，也全賴那農村幾年吃的苦頭。在香港結識 Johnathan Basset 及至來美後在 Roland Green 的電腦通訊公司上班，導致我完成了大學工程系教育，到後來進入電腦網通訊行業，成為 Cisco 認證的 CCNP，讓我由一個靠出賣體力的農民、苦力蛻變成一個腦力勞動者，進入一個提昇軟實力的軌道。軟硬實力的平衡發展雖然未必能夠導致經濟實力的大長進，穩定的職業起碼能向我提供衣食無憂的穩定生活。最有意義的，是我在這裡體會着、感受着華盛頓，傑佛遜等立國先賢們創立的偉大國家。在這個國家以及我可以自由地旅行的歐洲各國，令我身體力行的體會到，我們自小被教導憎恨，乃至今天十幾億神州人還在不停口地詛咒的美國人、歐洲人其實是比我自己的種族優秀得多，仁慈得多的人種。試想，一個在當時的香港，社會地位崇高的白人，時代週刊香港負責人，居然不會嫌棄我一個底層的黃種人苦力，和我交朋友。如果我和他互換處境，我是斷斷做不到的。我們被洗腦了幾十年的種族歧視呢？及至到了美國，Roland Green 作為老闆，以及從公司的頂級工程師到裝配工，看不出他們有等級的分別。作為一個剛下飛機的亞洲人，闖進了一個高科技公司，在一個說英語，以白人為主的環境裡，怎麼說我也有受點兒歧視的心理準備。令我驚奇的是：不但沒有歧視，還令我感受到以前在亞洲的大陸、香港，在和我一樣的黃種人堆裡從未感受過的尊重。我從小在一個國營大廠的環境長大，因為父親職位卑微，遇到廠裏高幹，或是高級工程師的子女們，不期然總會撩撥起我內心的自卑，總覺得他們自自然然地表現着一種滿不在乎的優越感。那些軍幹、高幹子弟就更趾高氣揚了，我甚至沒有資格認識他們。這都是我從小在那個社會感受着的實實在在的歧視。下鄉以後，農民其實已經是社會的賤民，他們卻總會尋找機會和理由，歧視、譏笑那些處境比他們更不堪的群體，比如四類分子，比如一些比他們更貧困的窮鄉僻壤的農民。是到了美國一年之後，我感慨地體會到：我不必再戴着一副面具做人了，也第一次感受到和周圍的人是平等的。能夠有機會如此近距離地認識，了解西方白人和白人社會，我覺得是很幸運的造化。

近年來，由於中國大陸經濟上的突飛猛進，不少像我這樣逃離大陸到了香港、美國的朋友都會問一個問題：現在大陸的人生活都不錯啊，我們當年是不是走錯了一步棋？他們在質疑當年鋌而走險的智慧。這些年我也曾經幾次回大陸旅行訪友。那邊的發展的確日新月異，以前的同學朋友也頗有一些混得相當成功的，有個別在經濟上甚至進入鉅富行列。他們中有人也勸誡我：還是大陸好啊，你看我們甚麼沒有？

不好說出口的是，他們沒有的，是我們在西方世界能享受的精神自由。也許他們滿足於紙醉金迷，錦衣美食，金碧輝煌的物質生活。而我們在衣食基本無憂之後，更看重精神方面的自由。人各有志，各適其適吧。

三十多年來，我時刻都在感恩，內心也感受着一種來自靈魂深處的滿足。這種滿足，不是區區百萬、千萬的橫財可以比擬的。一切，皆源於當年的覺醒以及成功地出走自由世界。是美國這樣偉大的國家，是西方的人文思想向我提供了改變自己的機會。

中國的文革、下鄉，悔也好，不悔也罷，俱往矣。聰明、樂觀、智慧、勇敢的廣東知青們因地制宜，扭轉頹局，變被動為主動，逃離專制，投奔自由，反倒揀了個大便宜，變成了文革、下鄉的既得利益者。他們當年拒絕被愚弄的英勇行為展示了人性的輝煌。歲月，一定會把他們不屈服於命運安排的光輝記錄在歷史的功勞簿上。

勇者無懼

黃子長

　　1972年10月15日，這天是中國人的重陽節，可是在"新中國"，傳統的節日是不被重視的，除了春節，有些相傳了數千年的富於民族特色的節日甚至是被批判是"四舊"、封建的產物，尤其是文化大革命時期，華夏五千年中國傳統優良文化幾乎都被視為"糟粕"。譬如清明、端午、中秋、重陽等有歷史傳承、優美漢族神話色彩的節慶，被"五一""七一""十一"這些所謂"革命"的日子取而代之。伍俊裴生于廣州市的書香世家，父母皆從事教育，對於傳統文化，自小有認識，知道九九重陽和清明同樣是紀念祖先的節日。俊裴選擇這一天啟程投奔自由是知道這一次逃跑是拿生命做賭博，路途兇險，希望祖先有靈，保佑自己平安順利。這天已經是中秋過後的第二周，距離霜降也只有一個星期了，嶺南的天氣開始轉涼，夜晚的氣溫有時候會低到攝氏20度以下。

　　伍俊裴和二位知青農友從博羅分乘二輛破舊的自行車到了惠州南邊一點的南山山邊，把自行車停靠在山邊的樹林裏面藏好，將準備好的乾糧（用炒熟了的麵粉混合砂糖芝麻和花生油揉成一團）、水壺、繩索、小刀和輔助渡海等物品背上，趁著朦朧的月色往山上走去。

　　這個地點正是7月份他第一次偷渡的出發地方，所以很熟悉。俊裴7月份的那一次行程，因為準備功夫做得太粗糙，同行的同伴身體素質太弱，結果走了8天的艱難路程，乾糧不足，第6天就吃完了，最後2天靠野果果腹，日曬雨淋，又遭遇暴風雨，因為疲累和同伴生病、身體虛弱到了極點，最後撐到了海邊也自覺沒有體力游過波濤洶湧的大鵬灣，只好自動放棄，被民兵抓獲的時候同伴已經軟癱在地上。二個個星期之後被遣返博羅。二人在收容所吃了不少苦頭，回到博羅附城生產隊又被批鬥了一陣子，隨後俊裴躲回廣州家裡休養了一個多月時間。

　　這一次隨伍俊裴上路的伙伴換了二個隔一條村子的同樣是來自廣州的知青，一男一女，男女朋友關係，男生姓倪，名祝剛，女生常為真，是村裏面的赤腳醫生，正在熱戀之中。是和俊裴同校的高年級學長。平常俊裴和祝剛關係不錯，經常串門。祝剛知道俊裴剛剛偷渡香港失敗回來，馬上想辦法聯繫到他，請求他下次再去時千萬領他們一起走。他們跟裴俊說，我們跟你一樣，從被趕到農村來的那一天就知道我們的前途完了，何況我們倆出身於黑五類家庭，本來在廣州就被壓在底層，一直在尋求逃港的門路，現在知道你這麼勇敢，一方面非常佩服，也希望我們可以合作外逃。起初俊裴擔心為真是女生，恐怕路上不好照顧，曾經勸過祝剛。但是祝剛情比金堅，幾次帶同為真一起到俊裴家裡里求他，俊裴心想，你都把事情講明白了，如何推脫？不過據俊裴平常觀察所得，為真也算是一個蠻堅強的女性，個子不高，身體卻很硬朗，平常田間勞動能夠吃苦。通過幾天的密集討論，終於同意了。事後也證明了，為真不但沒有成為負擔，而且有些時候還照顧到二位男生，尤其是她這次在準備渡海用具的討論上，有一個讓二位男生意想不到的好主意。由於當時大家偷渡普遍使用籃球內膽或一些兒童游泳的塑料吹氣圈之類的用具幫助渡海，可是政府爲了打擊外逃風潮，明令禁售，民間基本很難弄到。裴俊好不容易才搞到一個藍球內膽。大家正在發愁的時候，聰明的為真想到了一個極妙的方法，她做好了一床類似被單的布袋，約3尺丁方，以針線縫出四條道，有一邊是留了口的，口邊又做了鈕扣。利用她是赤腳醫生的便利弄到手術用的一些乳膠手套，把乳膠手套吹氣，用小繩打結，然後把它塞進被單的一條條道裏面去，這樣把它置於水上就成為一張可以承載至少一個成年人的浮床，實用性和創意讓二位男生佩服得五體投地。他們在出發之前偷偷經過多次試驗，都證明實用可行。

第一天晚上從遠離村鎮的公路偏僻地段上山，因為是傍晚，人煙稀少，沒有被發覺，很順利就登上了惠州南面、陳江鎮東北面的山巒，這里應該屬於惠州南山區域。當晚是農曆初九，半輪明月被烏雲掩蓋了部份，依然透出月色，足夠照亮他們上山的道路。因為俊裴 7 月才從同一地點登過山，同一路徑，加上第一天的體力充足，所以很輕易就翻過了第一座小山峰。再用了 4-5 個小時趕路，他們在靠近天亮的時候抵達黃沙水庫的西面樹林，找了一個藏身的地點坐下來休息。

第一天因為大家剛上路，心情難免緊張、興奮，盡管都很累了，快天亮了，都還沒有睡過去，一直在聊天。俊裴趁大家沒有睡意，很仔細地講述了 7 月份的那一趟歷險，一方面回憶剛剛不久才走過的路程，也一方面想提醒二位同伴前面可能會遇到的種種困難和險境，好有心裡準備。大概在黎明時分，大家都感覺得睏了，才席地而睡。因為在山上的緣故，清晨氣溫比較低，他們儘量挨在一起睡。

大約第二天中午三個人才陸續起來，大家在水庫邊上隨便清洗了一下臉和身體，商量是否繼續前進。這時候山間一遍寂靜，太陽明晃晃像個火爐掛在中天，雖然已經是深秋，熱力依然灼人生痛。俊裴和祝剛商量之後認為下來的幾個山頭延綿不斷，農民大部份在山下趕秋收，比較少人上山幹活，決定白天也繼續趕一陣路。

果然不出意料，三人一直趕路，直至下午 4 點都沒有遇到過人。

翻山越嶺走了 4、5 個小時，大家都感覺有些累了，為了晚上趕路，俊裴建議就地休息，跟祝剛說："我們上一次因為拼命趕路，太過消耗體力，結果到了海邊，都沒有力氣游泳了。另外，我們也需要好好保存食物，儘量找田裏面的東西和果樹的果實補充。這樣即使抵達海邊，假如我們需要時間休息或等候機會，才有食物裹腹。"說完，俊裴指著山下不遠的地方，有一片甘蔗林，建議和祝剛一起去砍一些回來吃。祝剛連連說好，接著吩咐為真留在原地等候。二個人迅速跑到山下的甘蔗林，用小刀弄了幾根粗壯的黑甘蔗扛上。看看周邊沒有人，俊裴趁機在旁邊的番薯地里極利落地挖了些小紅薯。回到山上的時候為真已經將準備休息的地點稍為平整了，這樣躺下去會睡得舒服一些。大家啃了還嫌嫩的甘蔗，吃了些紅薯之後就地休息了約莫3、4個小時，起來的時候皓白的月亮已經掛在天上了，他們收拾一下馬上就趁著月色繼續趕路。

因為剛剛3個月前從這條路走過一趟，俊裴憑著驚人的記憶力，大方向沒有錯多少。可是晚上翻山越嶺，雖然有些月光，但是畢竟是沒有"路"的。哏哏蹌蹌地摸索著前進，上山下坡，一直走來到天亮的時候，三個人都已經身上到處掛彩，手腳被荊棘弄得到處是傷痕。

俊裴三個人從惠州就登山出發，按照當時一般沿東邊路線偷渡的人來說，是最長的路程。平常最多被選擇的出發地點，應該是在惠州以南、靠近淡水的這一帶的僻靜山區。這樣的路線行程大概最短5天，最長6、7天。但是如果從惠州附近就"埋堆"（上山啟程），最短的路徑也需要花7、8天時間，長則10天，若然繞了彎路那就10幾天也走不到海邊。偷渡者如果在山上迷了路就危險了，不少偷渡者在深山裡面就怎麼都繞都不出來，或墮下山崖跌死或餓死在深山裡面。但是在惠州這種地方啟程，相對安全，因為距離海岸這麼遠的內地，監控相對寬鬆。像到了淡水這一類屬於所謂邊防地區，只要看到陌生人，有"革命意識"（由於自從1949年開始，一直以來廣東省因為政治、經濟原因而偷渡港澳的老百姓前仆後繼不絕於途，當局爲了圍堵，向附近地區老百姓灌輸偷渡者都是投敵的階級敵人，背叛祖國十惡不赦，鼓勵民眾檢舉、抓捕，絕不能放過。）的本地的老百姓就會盯上你了。

如今，俊裴三個人登山已經3天了，仍然只能夠來到新圩鎮以南、長流坑水庫邊上的一座山上。從長流坑水庫往南，山勢稍為緩和一些，他們只用了二天時間就抵達了坪山鎮以北的山頭。但是前面是坪山鎮附近一片平原，怎麼走過去而又不讓人發現呢？俊裴、祝剛和為真討論了一番,最後決定天黑以後從西南邊的小山彎繞過去,這樣就會多走了十幾公里的彎路,為了安全,只好這樣了。當天晚上三個人急行帶跑的爭取時間,希望天亮之前趕到坪山鎮的南邊山嶺去。可是,他們的估計錯了,這些小山彎連接到坪山鎮南邊的大山嶺豈止十幾公里?結果天亮了,也只能夠趕到半途,三個人只好找了一個小山丘的茂密樹林裡面的岩石坑躲起來。這一天難受極了,白天小山下農民幹活的聲音都可以傳到的這裡,他們不敢跑出來活動,一整天擠在岩石坑裡面動彈不得,只有中午農民午飯時刻,出來小範圍地活動一下。終于等到夜幕降臨,他們馬上又繼續趕路。抵達坪山鎮南邊的崇山峻嶺的時候,天已經麻麻亮了。

從這一片大山腳下往上看去,祝剛和為真有點心寒;這群山脈少說也有海拔7、8百米高,而且延綿不絕,看不到盡頭。俊裴看出他們倆的擔憂,馬上安慰二位同伴說:別怕,我們可以走過去的,上一次我們就是從這裡附近登山,翻過這些山嶺那邊就是大鵬灣,只需要2天時間就可以抵達海邊了。

俊裴的估計確實沒有錯,只不過這二天二夜裡面,攀登這一片山嶺的艱苦路程,大家吃盡了苦頭,祝剛和為真二次跌落山澗裡,幸好都被松樹給攔住而沒有受到太嚴重的傷害。俊裴也在快要抵達最後一座山嶺的時候失足掉進一個山坑裡面,祝剛和為真花了二個小時才把他救出來,可是肩膀和膝蓋都被劃傷了,一條褲腿也被扯掉了。儘管如此,三個人一路憑著信念和勇氣,互相鼓舞,彼此扶持,在山間野獸的嚎叫聲中、暴雨的沖擦下,終於翻過了崇山峻嶺,來到海邊的山巔。傍晚從這裡遠眺西南邊香港地域,隱隱看得見一片山彎背後,光芒透過雲層射向天際的景象,第一次見到這個奇景,大家都禁不住心跳加速,情緒異常興奮。可是再往下看看橫在腳下寬廣的、波濤洶湧的大鵬灣,興奮的心情立即被冷卻下來,知道這是此行最後的、也是最嚴峻的一程。

在山頂稍事休息之後，他們就往山下趕路，爭取在 8、9 點鐘之前下海。

在靠近海岸的一堆矮灌木叢裏面，俊裴找了一個相當隱蔽的地方，招呼祝剛和為真過來，說："這裡距離海邊不太遠，也不會太近，太近了會容易被邊防軍發現的。我們趕快把渡海不再需要的東西扔掉，留一些吃的，水壺帶上，以最短的時間準備好，就在前面下海！"為真馬上從背包取出東西，俊裴嚴肅地催促他們兩位動作要快，耽誤了時間邊防軍經過就危險了。於是三個人火速將所有乳膠手套弄好塞進被單裏面，為真小心地把每一個鈕扣扣上。俊裴準備了一個球膽也吹好了，為了不至於被海浪打散，俊裴準備了二條尼龍繩，有十幾尺長系在身上，然後慢慢離開灌木林小心翼翼地往海裡走去。這時候，俊裴忽然看到很遠的地方有火閃亮了一下，估計是有人在點燃香煙，可能是有邊防軍或民兵從西面往這邊走過來，俊裴立即低聲叫大家加快腳步，很快通過了一條海邊的路，再過去就沒有阻擋了，俊裴這時候領頭用跑的了，為真雖然是女生，現在居然比背著床單的祝剛跑得更快。大家壓住急速的呼吸，腦袋里一片空白，只顧拼命往海里衝過去。其實這時候，經過了 8 天的晝伏夜行、翻山越嶺，體力已經消耗得差不多了，正是又餓又累的當兒，換成平日，早就跑不動了。如今卻不知道那來的勁兒，大家跑的飛快，不消 5 分鐘，就抵達海邊，一頭栽進海水裏面去。還好，當晚的月亮被厚厚的烏雲蓋得密不透縫，50 米之外是看不到他們的。事後俊裴都說這一次行程實在是老天爺在保佑我們。

當他們在海中間往回看過去，看到那道閃過的亮光真的是隨著幾個像幽靈般的人影來到他們經過的路上來了，很可能是巡防的士兵，可是好像沒有發現他們，海上黑壓壓的，風平浪靜，只有潮水涌向岸邊發出的一陣陣聲音。

三個人經過十幾分鐘的極速的游泳衝刺，開始感覺累了，不約而同地慢下來喘氣。

俊裝看看沒有太大的風浪，從腰間解下二根尼龍繩自己系上一頭，另外一頭交給祝剛也系上；也遞給為真一條，吩咐她和祝剛連接，這樣才不會讓三人被海浪衝散。俊裝抱住自己的球膽，祝剛和為真扶著"充氣"的被單，朝著西南邊發亮的島嶼方向游過去。這時候一陣風從北邊刮過來，俊裝打了一個哆嗦，才感覺到冷意，原來海水的溫度很低啊！估計在十幾二十攝氏度的樣子。祝剛和為真也同時間感覺到冷了，大家一致認為需要稍為把速度加快一點，這樣可以增加熱量抵禦低溫。

三個人在寬廣的大鵬灣慢慢地移動，俊裝心情特別興奮，他告訴祝剛和為真，三個月前，他們抵達了海邊卻沒有力氣下水而被逮捕，當時"望洋興歎"的沮喪，現在終於一舉洗擦乾淨。看著夜晚有萬丈光芒射向天際的香港方向，雖然距離還很遠，但是現在可以完全靠自己了，自由垂手可得，成功歷歷在望，夢想馬上要實現的心情和熱力，足以抵消海水的寒冷。祝剛和為真也被俊裝的樂觀情緒所感染，大家充滿期待，使勁地划水。

在開始的一二個小時，大家力氣比較充足，海上也沒有什麼風浪，移動得很快，看著香港方面的山影一點一點靠近，很有點興奮。可是考驗馬上來臨，從來沒有在大海游泳過的三位年輕人，漂浮在兇險的大鵬灣上，不曉得死神就在眼前。很快就刮起風來，天上烏雲翻滾，海裡也湧起2、3尺浪頭來，接著就下起暴雨。三個人被海浪拋來拋去，像玩物似的。祝剛和為真都被海水嗆得透不過氣來，正在咳嗽，忽然一個巨浪打過來，他們倆的手一鬆，為真的秘密武器被拋出去10幾尺遠。為真說聲"糟糕！那是我們的救命寶物啊。"我們趕快追回來啊。三個人同時間以最快的速度衝過層層海浪向充氣被單游過去，祝剛好不容易才抓到了一個角，一個浪頭又把它打掉，這樣經過幾個來回和海浪搏鬥，三個人才終於重新把它抓穩。這時候暴雨忽然又停了，風浪也稍為減弱。為真抱緊被單氣吁吁地哭著跟二位男生說："這是我們的命根啊，沒有了它我們就死定了，不能夠再讓它跑丟了，嗚嗚嗚。"……祝剛趕緊靠近為真用手撥開遮住為真臉龐的頭髮，安慰她說："不要哭，不要哭，我們拼死也要抱住它。"俊裴看在眼裡，心裡也難過，在想，這茫茫大海，不要說風浪，就光是算路程，看樣子沒有再5、6個小時是游不過去的，心裡也生起寒意來。然而，在這關頭，千萬不能夠洩氣啊！便趕快跟他們喊話："風浪快過去了，老天爺會保佑我們的，那麼多人都游過去了，我們一定行！已經過半途了，大家挺著！"

在俊裴的鼓勵下，為真情緒稍為平復下來。這樣冒著風浪又往前游了差不多半個小時，海上逐漸平靜下來。大家都累極了，祝剛建議停下來吃點東西。休息一會補償體力。接著三個人取出水壺喝了些水，又從塑料袋裏面取出麵團儘量吃飽，大家的頭和手趴在充氣被單休息，任由它漂浮。

過了一陣子，正當大家重新打算開始往前面游的時候，大家發現好像離開發亮的地方愈來愈遠的感覺，"為什麼我們偏東面去了？"俊裴說："我們應該往西南方向才對啊。"大家又朝西南努力前進，可是游了大約一個小時了，好像絲毫沒有進步的樣子。俊裴心裡開始發毛了，他曾經聽聞說這裡有強勁的迴流區。他馬上把這個事情告訴祝剛和為真，怎麼辦？大家一致覺得只能夠繼續努力看能否衝出迴流區了。這時候已經消耗了不少體力了，可是求生慾望支持下，他們又掙扎地游了一個多小時，已經到了精疲力盡的地步了，還是沒有出去，三個人都放棄了。看看天際微微發亮，開始有些絕望。只好暫時隨波逐流，任由海潮漂流。為真這時候反倒安慰起二個男生來，說："我們先休息一會，再吃點東西、喝點水，恢復體力再說。"

俊裴馬上附和，也說："天無絕人之路，老天爺會保佑我們的。"

吃完剩下僅有的一點麵團和淡水，把空水壺保留當做浮具。照樣趴在充氣被單上休息。這樣漂流了一會，天上已經麻麻亮了，遠處雖然已經清楚看得見香港方面的起伏山巒，卻不單無法接近，而且有漸行漸遠的感覺，強勁的水流還繼續將他們往東邊湧去。北邊的中國大陸卻被早晨的雲霧罩住，朦朦朧朧看不清楚了。祝剛突然看見有幾艘漁船向他們駛過來，很快就會從他們傍邊經過。俊裴三個人頓時驚呆了，心想糟糕了，肯定又是功虧一簣了，等著束手待擒吧。正在絕望的時候，卻隱約聽到已經靠近他們的漁船上面傳來聲音："后生仔，吾好向香港方向游啦！太遠啦，吾掂架，右邊有個島，都係屬於香港架！比較近好多！"聲音傳來二遍，那二艘船就隆隆駛過去了。俊裴三個人驚魂未定，不約而同地往東邊看過去，真的一個長條的島嶼橫趟在不遠的地方。

大家對剛才那漁船傳來的話半信半疑，能否相信呢？這時候俊裴說，"也由不得我們了，依我們現在的體力是游不過香港那邊的了，求生也好，碰運氣也好，我們沒有選擇了。"為真率先贊成，祝剛接著附和。俊裴接著說，"既然大家意見一致，我們就趕快爭取時間，免得萬一遇到大陸的巡邏艇就不妙了。"

他們現在順著潮流，鼓起力氣飛快的往那島嶼前進。在距離目的地有一二公里樣子的時候，祝剛突然跟為真說，"我的腳碰到東西了"，接著慘叫一聲手就鬆開了被單，大叫："我被咬了，哎呀呀！"俊裴心裡知道不妙，可能是遇到鯊魚了，迅速一只手伸過去拉住祝剛，一邊從背包裏面取出一塊鮮橙色的塑料布在水中抖開（事後俊裴跟他們倆說，上次偷渡他在被解回博羅的牢裡面，牢友曾經跟他說，大鵬灣裡面會有鯊魚出沒，這畜生怕鮮橘顏色，最好帶上一片橘色布料以防萬一，所以他馬上取出來。）為真也第一時間從充氣被單上面伸手把祝剛拉住，這時候海水已經被祝剛腳上冒出的鮮血染紅了一片，為真知道鯊魚嗜血，趕緊跳到水裏面，讓俊裴幫忙把祝剛扶到被單浮床上去，迅速掏出手帕將祝剛腿部被鯊魚咬了一塊的地方捂住，再用剛才包面團的塑料袋包起來，還好，傷口只有一個，血很被包住暫時不會大量淌出來。俊裴跟為真迅速推著載著祝剛的浮具離開染血區域，才剛剛離開，沒有想到那傢伙居然又回來了，看著這個畜生的恐怖的背鰭一直衝過來，俊裴和為真都全身發毛，可是生死之間，已經容不得害怕了，俊裴趕緊讓為真在海水底下搖動塑料布，他自己從懷中拿出小刀，等鯊魚游近他們倆的一霎那，身體迅速潛到水裡，看準它的頭部出手用小刀狠狠刺過去，可惜偏了一點，只有拳頭部份打到它的鼻子。為真也鼓起勇氣將塑料布在水裡向它附近使勁晃動，祝剛在上面連連大喊："畜生，滾開！"很幸運，它這一次沒有咬到人，又被俊裴擊中鼻樑，鯊魚受痛，馬上游開了。可是鯊魚掀的起的海浪差點把祝剛翻到海裡，俊裴和為真趕緊把他扶住。

俊裴、為真都知道，沒有辦法曉得它還會什麼時候回來的，趕緊推著祝剛加緊往前面游過去。祝剛驚魂未定，腳腿部還在不停地滲血，臉色蒼白，忍住劇烈的疼痛，不停地顫抖，眼睛半閉著。為真不斷地安慰他："馬上就到岸了，你要挺住啊！有我們倆在，沒有事的。"說著說著淚水卻不斷湧出來，俊裴也在旁邊附和著向祝剛打氣。其實這時候，說老實話，俊裴和為真也已經精疲力盡，自身難保，十月份的海水涼徹心扉全身發抖。

可是，為了祝剛的傷勢，俊裴和為真卯足力氣、手腳并用地積極划動。由於迴流的推動，他們很快就靠近了那個島嶼，並且清晰地看得到島上的建築物了。為真用手扳了一下已經昏死過去的祝剛，第一下沒有反應，再扳一下也沒有反應，為真急了，淚水珠子似地落下，喊道："祝剛你怎麼了！醒醒啊，我們都到了，你醒醒吧"……祝剛這時候眼睛睜開一條線縫，緩緩吐出一句話："到香港了嗎……我還行嗎？"為真急不待地回答說，"行、行、當然行，你要撐住啊！"馬上就到香港了，一邊安慰他一邊撫摸他的臉龐。俊裴也接著鼓勵他："你要挺住啊，馬上就到香港了，你不是說要到美國去念書嗎？我們就差這幾步了，你看，前面就是了。"祝剛極力睜開眼睛順著俊裴手勢方向看了一眼近處的島嶼，苦笑了笑接著又昏迷過去。

為真強忍住悲痛，催促俊裴趕快往前面划動。這時候海浪忽然又湧動起來，幾次都幾乎把祝剛掀進海裡，為真、俊裴拼死將他扶住。雖然海浪為他們增加了平穩水床的難度，卻將他們迅速送到島嶼的岸邊。俊裴依稀看到海灘上好像有人影移動，馬上告訴為真，為真定睛往岸邊一看，叫出聲來："是了、是了"，隨即向岸上大喊："救命啊！救命啊！"俊裴這時候也顧不得那麼多了，也跟著為真大喊救命。

尖叫聲劃破清晨的寧靜，蓋過浪濤湧動的聲音，傳到岸上。不一會，岸上跑來了二個穿軍服的士兵，持著步槍指著剛剛抵岸的俊裴三人。為真顧不上害怕了，一個箭步上去就噗通跪下指著祝剛求他們："救救我的朋友！他快不行了！求求你們……"其中一個琚碌兵用廣東話對他的同伴說："救人要緊，快D，呢條友可能吾掂。"一個人就扛起祝剛往前面一棟建築物快步走過去，剩下一個士兵背著槍押住他們跟在後面。俊裴趁機途中問這個華裔士兵："這裡是不是香港領域？那個士兵點點頭說，你們自由了。"俊裴和為真不敢相信自己的耳朵，再問："香港不是在另外一邊嗎？怎麼這裡也是？"那士兵解析說，"這裡是香港最東邊的一個離島，你們很幸運，海水沒有把你們沖回大陸去。"俊裴和為真聽罷不約而同地拖著疲憊的身體彼此靠近擁抱著哭了起來。為真一鬆弛下來，整個人居然站不穩了，軟癱在俊裴身上。俊裴只好一邊安慰她一邊叫住士兵，求他幫忙一起扶著為真過去。那阿兵哥也真好，對俊裴說，"看樣子你也快不行了，讓我來背她進去吧。"說完隨即將為真背上，大踏步往前走，俊裴也一瘸一瘸地跟在後面。

原來這個島嶼叫東平洲，是香港的一個邊緣領域的離島，有居民，也有香港英軍駐紮守衛，據說這裡的英兵接收了許多從大陸過來的逃亡者。

祝剛腿部傷勢不小失血過多，傷口又被海水浸泡過，如果沒有及時救治恐怕有生命危險，在島上英兵醫療站的救護下，不久就醒過來，並且第二天就隨俊裴、為真一起被送至香港元朗警署的附近醫院治療。

近一個月之後，他們三個人終於在九龍長沙灣道一个偷渡抵港知青聚居的地方聚會，慶祝重生。

吾道不孤（之一）

黃子長

涂斌和志佑一行六個人從香港捻灣登陸的這一刻，從死神的手中逃脫，覺得自己簡直是被幸運之神特別眷顧的人，既興奮又緊張，這種死裡逃生的心情和經驗，沒想到第二天就有人和他們分享了，這個人就是楊中。

天下的奇遇本來就機率不高，可是，同一個城市同一所學校的同學，彼此對偷渡香港的事情并沒有交流，卻不約而同地從不同的地點出發，沿不同的路線幾乎同時在同一個地點抵達香港，而且剛踏上自由的土地就遇上了，就不能不算是巧合中的奇遇了。

在元朗警局的牢房里看到了楊中，再看看滿倉牢的來自祖國的青年男女"叛國者"，才深深感到和楊中的"奇遇"之外，還有更深層的意義：吾道不孤。

通過和楊中的長談，曉得他的逃亡歷程，是另外的一種壯舉，其艱難困絕，其九死一生，路途的遙遠崎嶇、過程的曲折悲壯，一點也不比我們遜色。

楊中是涂斌學校的同班同學，和他一同起事的二位同伴，一個失散了，一個在蛇口岸邊下海之前被邊防軍的狼犬追上咬傷逮住，只有他幸運地抵達香港。他們都是被下放到廣東省東莞縣大朗地區的中學生"知青"，失散了的齊安是廣州市實驗中學的資優高中畢業生，被逮住的陶明則是廣州市第21中學的初二級學生。

楊中和陶明同在大朗公社的水平大隊第一生產隊，齊安被分配到第七生產隊，他們的住處彼此相隔只有一箭之遙，因為都是知青，農村的生活孤獨，舉目無親，所以平常來往頻繁，農余經常一起聚餐、下棋、上山打獵、消磨時間。從而混的爛熟，稱兄道弟的。而且彼此對於被下放到農村都心懷不滿，到了農村也都知道從此就沒有希望了，特別是齊安，在學校裏面是天賦很好的學生，又有抱負。如果不是文化革命，他對升讀大學有很高的期盼。現在他們知道只有自由的土地——香港可以實現他們的理想。

楊中的家庭在1949年之前是廣東新會的富裕的書香世家，父親早年負笈日本，學成之後回乡報效國家，是知名的農業專家，中共建政之后被劃為反動學術權威；在當時階級劃分的年代，家裡在各項政治運動裡面受累很深。家中子弟在他們這一輩裡面沒有一個可以受到高等教育的，楊中當然也不例外了；文革之後和只有初中學歷的弟弟楊大一起被下放到東莞大朗務農，東莞、寶安一帶鄰近香港，由於地利的關係，逃港的青年特別多，風氣很盛，大家很早就萌生逃亡思想了，弟弟楊大幾個月前跟隨農友先他而偷渡赴港去了。在楊大離開不久，他們三個就開始籌劃逃亡。

1971年9月初的一個秋涼夜晚，午夜時分，齊安和陶明在楊中家里集中之後出發，摸黑小跑走過一大片稻田，匆匆投入大嶺山的黑嗷嗷的一片樹海裡面去，開始了他們的驚險逃亡歷程。

楊中三人每個人都背了一個背囊，背囊裡面都準備了乾糧、舊軍用鋁製水壺、繩索、小刀等物品，當然一定少不了籃球內膽（說到這個籃球膽，在當時偷渡港澳的風氣盛行的年代，在廣州可以說是一膽難求，政府因此也發文不允許民間私人購買，單位、學校購買需要出示上級證明；因為大部分青年需要求助於這個東西泅過寬闊而隨時有惡浪和鯊魚肆虐的大鵬灣、後海灣和澳門海域，通常熬過一個星期以上的翻山越嶺的晝伏夜行之後，已經是筋疲力盡了，還需要泅水一夜6至8個小時和海浪搏鬥，如果沒有球膽或其他浮具的幫助，成功幾乎是不可能的。），三個人帶有一個指南針和路線草圖。楊中有過一次不成功的經歷，所以由他領路。啟程當天是農曆22日，天氣還算不錯,皓白月色灑遍了整個山林。

楊中領著二個同伴第一個晚上很快就找到路徑,急行軍攀過了二座小山嶺來到了羅田水庫。第二個晚上也是如此,第三天開始他們就開始吃到苦果了,腳底嚴重起泡、腳關節紅腫疼痛、身體手腳被樹枝石頭劃的傷痕累累,白天在樹林裡一覺睡醒之後簡直動彈不得,身體就像一堆爛泥。尤其是陶明,年紀比較小,又沒有長途跋涉過,第二天就已經筋疲力盡、苦不堪言,幾乎要打退堂鼓了。幸得齊安給他鼓舞打氣,一路上心理上體能上幫助他,才堅持下來。白天的時間三個人互相幫助按摩肩腰腿腳、把水泡刺破用布包扎、找山草藥將傷口涂抹敷著以防發炎;當天晚上只能夠慢慢走了前天晚上的半個夜晚的路程,儘量爭取時間休息。這樣第三四天身體才慢慢適應過來。

所謂疾風彰勁草、路遙知馬力。平常的齊安靦腆內向、話語不多,卻沒有想到在這一路上他的建樹卻不少、計謀多多、非常苦幹實在。雖然楊中路途比較熟悉,但是無論是在路徑的選擇、應付民兵的追捕、對同伴的照顧,齊安都表現了極度的智慧和細心。

第一天晚上,楊中三個人從水平出發,翻過大嶺山,第二天晚上穿過公明平原來到石巖。第三天晚上趕到羊臺山的時候已經是靠近天亮時分。這一晚上最是辛苦,還發生了一個意外。三天的晝伏夜行已經把他們三個累得精疲力盡,腰酸腿麻。腳底的水泡磨穿了,膝蓋紅腫疼得要命;大家都異口同聲地說,今天一定得在山上好好休息了,三個人在山頂找了一個隱蔽的山洞,藏在裡面呼呼大睡起來。可是到了中午時分,有一個當地的中年農民上山采摘草藥居然來到了我們的洞口!楊中這時候已經醒來了,在洞口剛好和這個中年漢子打了個照面,楊中即時臉色大變,正準備要喚醒同伴逃走的時候,這個漢子卻不急不忙地揮揮手向著楊中說:"小伙子,別怕,我不是來抓你們的,我是上山來采藥的。你們是想偷渡的嗎?""不是的,我們是出來玩迷了路的",楊中囁嚅地回答,卻掩蓋不了慌張的神色。

中年漢笑了笑說:"年青人,不用瞞我了,我一眼就看出來你們是督卒（粵語—偷渡）的人了，不過沒有關係，我又不是民兵，又不想抓你們，你們儘管走好了。不過好像你們走了點彎路哦，往前面走是西瀝水庫，你們應該是從水庫右邊過去才對呀，現在你們卻跑到這東邊來了，繼續這樣走的話，最少要多花一天的時間啊。這樣吧，你們從前面這條山路下去，從右邊的平原直接翻過去，最少可以省回一些時間。不過，必須要在晚上走啊，白天有村民和民兵的。"說著這個滿臉滄桑的漢子從懷裡掏出幾塊炒米餅遞給楊中，接著又補充說，"你們晚上從平原走過去的時候，靠近水庫的右側，有一片番石榴樹，正好摘一些充飢。"說完他就大踏步地往山頂走去了。

楊中三人忙不迭地謝了這個漢子，目送著他矯健的身影消失在樹林之中，心裡慶幸遇到了貴人。

第四天晚上，楊中三人依照那位好心人所指示的路線，繞回到水庫的西邊，果然很快就抵達了。回想起來，如果他們那天繼續按照原來的途徑，真的最少也會多走一天的路程。大夥也一整天談論這個事情，個個心存感激。

然而，在第 5 天楊中一行卻遭遇了最嚴峻的挑戰。這天他們已經趕到了唐朗山北面，上午天氣非常惡劣，天上烏雲翻滾，暴雨一陣一陣的，三個人在山上沒處躲避，都已成了落湯雞，因為找不到適合躲雨休息的山洞，每個人都又累又餓，只能夠在一棵濃密的大榕樹下面休息了一會，吃了些番薯。這個時候，大家帶在身上的乾糧已經幾乎消耗殆盡了，不過，齊安建議每個人留一點精糧（餅乾、炒米餅之類）在下海之前吃，因為在泗水跟海浪搏鬥幾個小時這段時間需要更多的體力；這二天大家都儘量在山上采摘野果、在地里偷挖番薯、啃甘蔗等等來充飢補充體能，並且儘量存一些在背包裡面。下午趁著太陽露臉的時間把衣服晾了一下，還沒有到傍晚就急於趕路，提早就下山了。

沒有想到就是因為圖早趕路，讓楊中三人陷於險境之中。大夥剛剛趕到山腳，忽然二個民兵在三人前面不遠的地方冒出來，其中一個粗壯的高個子手中擎著步槍向他們喊道："站住！別動！你們這幾個人干什麽的？想偷渡嗎？狗崽子……"當時候楊中和同夥都被嚇住了，一時間反應不過來，只好舉起雙手。不過因為三人距離他們還有個二十多公尺距離，電光火石之間，齊安向楊中使了個眼色低聲說道："分開逃跑！我們在蛇口會合，我先引開他們。"說完馬上猛的向來的山上跑去。這時候那二個民兵不曉得爲什麽一起追過去了，楊中剛好站在陶明的身邊，看他們居然一起跑掉，驚愕之中趕快拖著陶明向相反的方向拼命奔跑，楊中和陶明鑽進一堆很茂密的樹叢，正在喘氣之中，忽然遠處傳來幾響槍聲，砰！砰！砰！沉悶的槍聲劃破長空，在空蕩蕩的山谷之中迴蕩，久久沒有散去，在楊中腦中嗡嗡作響。一個不祥的預兆在楊中心中徒然生起，莫非齊安被他們下了毒手？想到這裡，楊中頹然坐倒在地上，半響說不出聲來。陶明推了他一把，說："中哥，怎么了，齊安他會有事嗎？"楊中當下控制不住情緒雙手掩住臉頰哭了起來。半響，楊中才以震抖的聲音回答陶明，說："應該……應該沒、沒有事的，齊安吉人天相，我們走吧！免得他們追過來找到我們。"說完以衣袖擦乾臉上的淚水。陶明這時候也感覺到不祥的預兆，眼里飽含淚水、一邊跟隨楊中的腳步匆匆離開、一邊頻頻扭頭向齊安逃跑的方向看去，好像祈禱奇跡會出現……

　　這一天晚上沒有走多少路，楊中和陶明二個人情緒極端低落、一路無語。偏偏夜半時分，突然雷電大作，暴雨傾盆而下、嚇人的閃電像要把天空撕裂的樣子，楊中、陶明二個人躲在一個山洞裡面倦縮著身體看著山洪從洞口旁邊咆哮而下，心情悲憤莫名、一夜難眠，眼睜睜地看著雷電慢慢消失，暴雨由大而小，隨著天亮，心情才逐漸平復，不知道什麽時候二個人也在疲累之中都睡過去了。醒過來的時候天空已經放晴，日過中天，猛烈的太陽照得人眼睛也難以睜開。楊中走出洞口，發現離山洞不遠的地方是一排龍眼樹，樹上的果實正好是收成的季節，飽滿多汁。此時剛剛睡醒，整個晚上沒有吃過東西，饑腸轆轆。他連忙把陶明叫了過來，摘了一大把坐在樹底下狼吞虎咽地吃起來。

正當二個人吃得起勁的時候，陶明突然二眼發直，盯著楊中背後，指著楊中頭頂上方、一邊后退一邊對楊中說："毒……毒蛇，走……走啊！"楊中心裡面猛然一驚，身子不敢移動，眼睛翻上去瞥見一條黑白相間的毒蛇身體卷住頭上的樹幹，對著他們伸頸吐信、呼呼生風。楊中瞬間把頭往后一仰，以迅雷不及掩耳的速度隨手抓起地上的一根枯樹枝往蛇首揮去，啪的一聲剛好擊中毒蛇的頭部。楊中打了一個后滾翻站了起來，看著垂下來軟了身子正在淌血的蛇頭說："好險！這傢伙是劇毒的過山風啊，被它咬一口保準嗚呼哀哉！還好，被你及時發現了，我們命不該絕！"

說完再往蛇首鞭打了幾下，確定它已經沒有氣息，二個人才趕緊把吃完的果子殘餘扔到草叢裡面去，又多摘了一些大顆的果實塞到背包裡面，繼續往山下趕路。

這時候大概是下午2點多，大白天不敢走正式的山路，只能夠鑽進樹叢裡面繞路走，披荊斬棘的前進，花了大半天才走了那麼一點路程，身上被樹枝、荊棘、石頭弄的傷痕卻一大片，衣服也被撕破了不少，二個人頭髮瘋鬆、滿臉鬍鬚像個乞丐。可是楊中知道下了這座山嶺，過去就是塘朗山了，再過去應該是蛇口、后海灣——與香港遙遙相望的地方。所以顧不得了那麼多，拼命趕路。

楊中身體一直很強壯，雖然陶明也不錯，可是陶明比楊中畢竟年幼許多，耐力明顯不如楊中。經過5、6天的攀山越嶺、體力劇烈消耗，路上經常落後楊中一大截，很多時候楊中都需要給予照顧和幫助。

古語云：行百里者，半九十。

楊中知道最後這一程路途非常艱巨，也需要更多的毅力，越到最後階段越要小心謹慎。想到這裡，楊中把陶明拉到一旁，跟他說：阿明，我們休息一會吧，你太累了，我們需要儲蓄體力。因為快到水邊了，前面就是塘朗山，翻過去就是后海灣。

陶明這時候雖然很累，卻非常堅定地回答楊中說，"中哥，你不必擔心我啊，我撐得住的，放心吧。"

　　楊中有了他這句話心裡自然踏實了許多。

　　下午就在山腳的地方休息了整整三個小時，為天黑之後翻過前面這座山做準備。

　　結果，當天晚上運氣很好，一路無阻，攀上塘朗山頂只花了半個夜晚，就在山頂找了個安全的地方停留下來，一邊休息一邊看著蛇口后海灣對面的香港區域。那個時候天上雖然沒有月亮，但是也沒有一絲烏雲，能見度非常高，透過海灣對方的重重山巒黑影背後可以看見光華萬丈，直射云端。眼看目的地馬上就到了，心中不免有點興奮。可是轉眼往下面一看，寬廣的后海灣橫桓在眼下，波濤洶涌的海水，在黑夜里也能聽到它傳來的沉悶的海嘯聲，心裡馬上生出一陣寒意來。心裡在問自己：我們真的能夠平安游抵對岸嗎？

　　楊中和陶明躲在一棵大樹底下的土堆後面，找了一個平坦的地方躺下來休息。陶明實在太累了，很快就熟睡過去。楊中卻怎麼也不能夠入睡，思潮起伏，想起這些年來的遭遇，一幕幕逐一在腦海裡面翻出。年幼的時候父母在外地從事教育工作，兄弟跟隨祖父生活，楊家在家鄉是有名的望族，楊中的父親是著名的農業專家，兄弟從小就錦衣美食、生活優裕、備受呵護。隨著祖父被劃為反革命地主階級而被殘酷地鎮壓、父親也被打成右派反動學術權威而被發配外省勞動改造。從此之後，望族楊家從此破敗、昔日的榮華化為烏有，家散人亡。楊家子弟四散、楊中兄弟也無處棲身、受盡欺凌、最後被在廣州的姑媽收養。上學之後也背著地主反革命的階級成分，還好，靠了父親的一位同學的關係進了廣州培英中學。在上中學的時候，無產階級專政論調正盛行，楊中這些黑五類子弟，只能低著頭做人。高考也鐵定不會被錄取的了，很早就做好"上山下鄉"的準備。記得文化大革命的時候有一回在班上由一批高幹子弟主持批鬥會，輪到楊中自我批鬥的時候，楊中違心地說：我出身於反革命地主家庭，龍生龍、鳳生鳳、老鼠生兒打地洞。我天生就是反動派的繼承人、就是狗崽子！經過黨和無產階級的教育，深刻認識到我和我的家庭的罪惡，從今以後我將堅定地和罪惡的家庭、反動的父母劃清界限！毛主席萬歲！偉大的無產階級文化大革命萬歲！

想到這裡，楊中自己悲不自禁，眼淚簌簌地掉下來：沒有想到給了自己那麼好的生活和童年的家庭和親愛的父母，居然被自己侮辱成這個樣子……

這時候看看睡熟了的陶明，心想：他的身世豈不是更悲慘？父親在剛剛解放的時候就被鎮壓了，只因為他是國民黨的軍官（低級的），頗具姿色的母親被迫改嫁給了一個南下的解放軍的炊事員頭目。

楊中想著想著、迷迷糊糊地也睡過去，天亮以後才醒過來。

白天，楊中兩個人依然在山上盤桓，找到一些野果充飢，剩下的一點乾糧保留著在最後的關頭食用，儘量把隨身的東西精簡掉，準備好入黑時分就做最後衝刺。

這一天的時間最難熬、太陽好像慢吞吞的沒有力氣，好不容易看著她在地平線終於消失了，楊中和陶明抓緊時間從半山急急忙忙下來，從山腳走到海邊仍然需要一個多小時的距離，而且這段路程最危險，隨時會遇上荷槍實彈的巡邏的邊防軍，在寶安蛇口的邊防軍對逃亡者是格殺勿論，絕不留情的。

楊中領著陶明在樹林之中 S 型地前進，每走一段路程就停下了看看周遭的情況再走。這樣走走停停大概一個半小時左右，楊中和陶明停在靠海路旁的一堆矮灌木裡面，這裡距離海邊還一大概好幾百米路程，中間隔了一條所謂的國防公路。這時候已經清楚聽得到海水撲岸的浪聲了，二人心裡不免有點緊張，黑暗之中彼此交換了意見，都認為準備好了，

正要起身出發的當兒，忽然聽見遠處呼呼的氣喘聲連帶著極速的奔跑聲、撲嚕撲嚕的、瞬間一個龐然大物的黑影便掩至楊中二個人身邊，這時陶明剛剛好在這個黑影的那邊，楊中忽然想到邊防軍的狼

犬，心里暗叫不好，剛要去拖陶明逃跑的時候，那個黑影已經向陶明撲去。楊中情急之下撿起身旁的石塊向往狼犬扔過去，

可那東西速度飆得極快，沒有砸中，陶明卻已經被這個狗崽子撲倒，黑暗中叫道："中哥救我……"楊中撿起一塊更大的石塊正想再向牠砸去的時候，忽然朝見不遠的路上幾個黑影朝這邊疾速跑來，一邊打著手電筒劃過來。楊中心裡大驚，此時被兇猛的狼犬撲在地咬住小腿鮮血直流的陶明正徒手搏鬥了幾個回合、已經知道憑自己的力量是不可能掙開這畜牲的了，表情痛苦地急忙跟楊中說："中哥快跑！軍佬追過來了，不要理我吧，快跑啊……"說完自己伏在地上不再掙扎。楊中眼看二個邊防軍的黑影越來越近、雖然萬般不忍、心中極度悲憤，瞬間眼淚也奪匡而出，把石塊用盡吃奶的力氣向狼犬扔過去，擊中牠的后腿。無奈這畜牲畢竟是受過訓練的軍犬，仍然死死咬住陶明的小腿、一雙前爪按住陶明的身體，狼犬爪子鋒利無比，搏鬥之間陶明的衣褲被撕破了好幾處、淌出殷紅的鮮血（腿上、身上已經血肉模糊）。楊中知道已經不可能救出陶明了，迅速彈開往海邊的方向以驚人的速度跑去，借著海邊長得及人高灌木的掩護，楊中直衝大海。這時候二個邊防軍人的其中一個已經跑至陶明身旁控制住陶明，另外一個迅速向楊中逃跑的方向追趕過來，並且一邊高聲叫："叛國賊，站住！"一邊扳動自動步槍，子彈像連珠子般地射將過去，卜卜槍聲劃破沉悶黑暗的夜空。楊中知道情這時自己已經身陷險境，但是知道生死關頭不可猶豫，於是不顧子彈在耳旁呼嘯而過，以最強的爆發力向海邊衝刺，中間絆到過石頭跌倒過，然而迅速爬起來依然拼命狂跑，偶然回頭望去，這時候已經有好幾個邊防軍趕來這裡增援、手電筒光束在夜空亂劃，他們那竭斯底裡的高呼抓叛國賊的嘶叫聲越來越近。然而，楊中求生的慾望、奔往自由的決心畢竟戰勝了他們的沒有法理的追捕，瞬間就衝至后海灣海邊，撲進大海，以極快的速度向海中心游出去。

當這些瘋狂的士兵還在岸邊望洋興嘆的時候，楊中已經泅至海

中心、遠離他們的射程了，楊中心裡透了一口氣，稍稍把游泳的速度慢下來，回過頭來往岸上望去。

哪些士兵人影已經模糊不清，遠遠只看見幾下非常微弱手電筒的閃光，楊中知道自己已經渡過危險、抵達安全範圍了。心裡稍稍鬆弛，可是想到剛才陶明滿腿鮮血的景象，心裡悲憤莫名。然而馬上需要面臨的是需要跟一片漆黑的寬廣海灣搏鬥，不由得令自己回過神來冷靜應對眼前的困境。如何能夠泅過去呢？有足夠的耐力嗎？這時候海面很平靜，波瀾不興。楊中在水中仰起頭來做了一個深呼吸，馬上從濕透了的背包裡面取出籃球膽使勁把它吹漲、將球嘴導管用小繩扎緊然後抱住在海上漂流了一陣子，身體慢慢得到休息。這時候張大眼睛望著漆黑天際閃爍的星星，楊中想到剛剛被狼犬撲倒的陶明和失散了在槍聲下的齊安，擔心起他們的下落和處境來，齊安會不會被射殺了呢？受傷了的陶明會遭到怎麼樣的酷刑呢？想到悲觀之處，頓時悲從中來，淌出二行熱淚來。但是很快楊中就從悲痛之中找到力量，他知道，此時不是悲傷的時候，他現在的處境仍然非常惡劣：體力因為長途跋涉而消磨大部分、海上隨時會刮起風浪、跟本不知道前面的環境、連泅水的時間需要多久都沒有底啊。他整理了一下心緒，摸出僅有的一點乾糧──那中年漢給的炒米餅，一口把它塞進口裡，喝了一小口海水把它咽下，可是馬上被咸得發苦的海水把自己嗆得要命，雖然把食物吞下去了，可是楊中曉得今天晚上不可能再有淡水可喝了。還好，這靠近珠江口的海水比較外海的還是比較溫和，在最後的一段路程，楊中還是飢渴難忍的情況下喝了一二口續命。

楊中以平均的速度向南邊游去，大約一個半小時之後，海上忽然刮起風來，海浪逐漸變大，楊中非常吃力地掙扎。海水在海灣裡面的迴流居然將他往北邊涌過去，楊中當時非常驚慌，生怕被沖回北岸去，拼命逆流而泅。這樣泅了大概一個小時，風浪才漸漸平復下來。楊中力氣消耗了不少，又慢下來休息。看看南邊海岸依稀可見，心裡才稍稍升起一點希望來。可是一個人孤零零地漂流在海中，依舊是無助和彷徨,加上這時候已經是精疲力盡、飢渴難忍了。這時候楊中忽然又想起父兄來,恍惚父親在鼓勵自己、而楊大則在彼岸向他招手……楊中對自己說,弟弟可以做到的事情我爲什麼不可以?現在是爲生存而搏鬥啊,絕不可以放棄啊!想至此,居然又生出力氣來,繼續快速泅了一段,天際也開始濛濛亮了。忽然看得見南方岸邊了,楊中不禁興奮起來,又加緊泅了一陣子,忽然腳底下碰到東西,好像被割了一下的刺痛。再用腳去試探的時候,發現居然是實地了!可是很快楊中發現這并不是普通的實地,而是海邊的養蠔場。楊中既喜且憂,喜者終於抵達香港了,憂者他在逃入海中的時候鞋子給甩脫了,現在踩在蠔堆上如何走過去呢!楊中顧不得那麼多,趁水深及胸的時候再往前小心翼翼地游一段再說,待必需站起來才走了那麼幾步,腳就被割傷了好幾處,殷紅的鮮血淌了出來染紅了海水。楊中只好停下來,強忍透心的疼痛,把身上的衣服脫下了用隨身小刀將二個袖子割下來分別綁住雙腳,然後拖著疲乏的身軀慢慢從蠔堆上往岸邊走去,雖然如此,在抵達岸上的時候雙腳還是增加了不少的傷痕。

當楊中從海邊登上岸邊的樹林的時候,天色已經大白,東邊的太陽也從地平線快要升起。楊中知道自己已經獲得自由,心裡雖然興奮,可是一夜的折磨,身體疲憊不堪,早已經撐不住,才在樹林里走了幾步,就癱在地上昏倒過去……這樣過了不曉得多久,好像依稀聽到一個濃重客家口音的男子在耳邊說:"喂,起來啊,年青人,你到香港啦!"楊中慢慢睜開眼睛,看見一個老年男人站在自己身旁,

對著自己笑吟吟地說道:"恭喜恭喜,醒來就好了,起來吧!到我的屋子去,我弄點東西給你吃!"說完就扶著楊中起來,拖著他慢慢向附近的一座小石屋走去。進了屋子,把楊中安置在一張舊沙發坐下來,然後自己去廚房很快就弄了一碗熱呼呼的番薯稀飯讓楊中吃下去。有了一碗稀飯的熱量,讓楊中重新恢復了一部分體力,趕快從沙發上下來跪在地上向這位老者作揖,感激他的救助之恩。那滿臉皺紋的老者趕緊說,"不必了,能夠從那邊平安過來,是你自己的運氣

啊，更加是你的努力和勇氣，你的命大！我在這邊看見從北邊飄過來的屍體每年不知道多少！運氣好的不多啊，年青人，好好珍惜你的將來！你在我這裡稍為休息一會，等一下我告訴你去流浮山警署投案吧，現在他們不會遣返，能夠特赦從大陸偷渡過來的民眾。"

楊中在老者的家裡睡了大概 2 個小時，大約中午時分就按照仁伯指示的路徑找到了流浮山警署投了案，再被送至元朗警署等候楊大來領出去。

楊中在警署跟涂斌一伙人相聚之后先出牢見到兄弟，大家以後一直都有聯繫。新生活開始的時候，由於都沒有親屬和社會關係在香港、也沒有一技之長、更沒有高學歷，大家只能夠找"三行"（建築行業、餐飲行業、碼頭苦力）的工作。可是，彼此都知道從今之後命運已經掌握在自己手中，所以并不覺得苦，還彼此相互鼓勵、互相幫助，非常勤快地工作。當中也有人業餘時間苦讀進修，繼續學業。

楊中一直想念二位同伴，多年之後，了解到齊安真的被那二個殘忍無人性的民兵射殺了。他的姐姐獲得消息之後悲痛欲絕、卻不敢告訴年邁的母親，最終他的母親還是從其他渠道知道了兒子偷渡的消息，齊安母親終日思念兒子卻渺無音訊，憶子成狂，終日以淚洗臉，不久便患上了精神分裂症。齊母不分白天黑夜，總是喃喃自語："安仔、安仔，快快回來，媽媽煮好了你最喜歡吃的湯圓啊，湯圓、湯圓、母子團圓，安仔乖乖回來看媽媽，好嗎？"家裡人聽見無不心酸掉淚。每逢清明，齊安姐姐和父親偷偷備了祭品在家里的天臺拜祭齊安。

陶明則是被抓了以後關到樟木頭收容所去，受了一個月的折磨才送回生產隊去受監管，被狼犬咬到的傷口由於沒有護理，發炎潰爛，差不多半年才痊愈，留下不少永久的傷痕。之後，陶明再經過好幾次的嘗試，歷盡艱辛終於在 1975 年中成功抵達香港，不久就作為反共義士被台灣的救總動員送去台灣一家大學學習了，那時候楊中也已經從香港移民到美國紐約去，從此再沒有聯繫過。

吾道不孤（之二）

黃子長

時光荏苒，許多年之後的一天，胡奇在洛杉磯娶媳婦宴客，在美國南加州蒙特利公園市黃金閣酒家大排宴席，七時左右旅居洛杉磯的老三屆校友幾乎都到齊了，其中許多是幾十年未曾謀面的老朋友老同窗，都踏入暮年了，世事滄桑、他鄉遇故知，見面倍感唏噓，話題不斷。坐在涂斌旁邊的是仲佳，大家認識多年，但是很少會面。他一直在晉藍公司做事，和涂斌算是同行。今天晚上因為胡奇忽然很興奮地向來賓們介紹我們（他、涂斌和志佑）是"Same Boat"的當年同一條小舟的逃亡者，激起大家聊當年從廣東偷渡香港的話題。原來仲佳也是當年逃港青年之一，並且一如我那樣失敗過一次，之後再接再厲，憑著毅力和勇氣，第二次終於成功抵達香港。

他在廣州市廣實中學高中畢業之後被下放的地點是廣東省東莞縣厚街，務農近三年之後，72年6月的一個日子，他和一位當地農民同伴騎了自行車朝著虎門的方向出發，這天，他們繞過了公路上的多個民兵崗哨，在傍晚到達寶安縣的松崗一個約好接應他們的朋友家裡附近，可是，那個人沒有出現。他們急死了，因為他們路上需要的食物備用物品都是儲存在她家裡的！沒有其他辦法，他們只好找個地方先躲起來，等到晚上10點鐘，趁黑摸進她的家裡面，將藏在她家裡的乾糧和備用物件取出，躡手躡腳離開村子之後向南方的山上奔跑，至深夜才在一片松樹林裏面停下來休息。因為太疲累了，浦一坐下來就呼呼睡過去了。待到天亮睜開眼睛感覺身上癢不可當，一看原來身上爬滿了狗毛蟲。忙不迭把身上的衣服脫光將毛蟲弄掉，趕緊逃離這片松樹林，在隔壁山頭找了隱蔽的地方重新躲起來，等到天黑時分再出發趕路。

經歷了整整 5 天的翻山越嶺的艱辛路程抵達蛇口國防公路的山上，這個山頭叫塘朗山，這時候仲佳和同伴他們一路上居然遇到有好幾批的同路人，大家彼此志同道合，就湊在一起上路，好互相照應，抵達塘朗山上的時候已經聚集了合共 11 人之多！大家一路上翻山涉水、晝伏夜行，披荊斬棘、身體已經疲敝不堪，又餓又累，身上帶的乾糧都已經消耗殆盡，只靠摘山上野果充飢了，身上衣服也破得像個乞丐。當時隔著後海灣，他們已經清晰看到香港的景物了，大家都顯得有些激動，互相打氣，都心想過了今夜，我們馬上就可以呼吸自由的空氣了。正當大家準備晚上如何衝過國防公路的時候，不曉得其實他們已經被邊防軍重重包圍，如甕中之鼈了（也許他們一幫子人數太多了，反而目標太大，有時還有同伴不自覺地高聲談話，種下禍根。）。大概在傍晚 6、7 點天色快暗下來的時候，吆喝聲從四面響起，邊防軍的粗魯而刺耳地喝令他們舉起雙手，不准亂動！一時間大家慌亂起來，知道事情敗壞了，愣在那裡，一時間鴉雀無聲。可是大家此時此刻，已經來到水邊，眼看就要成功了，如何甘心束手就擒？當中有人低聲傳出悲壯的"號令"：我們分頭逃跑吧！於是大家像服從命令似的迅速各自散開逃跑。仲佳慌不擇路，拔腳才跑了幾步便一失足滾下十幾米的山崖，隨即被邊防軍放出的兇猛軍犬衝過來撲倒逮著。幸好，除了被狼犬咬了幾口之外只受了些皮外傷，但是這些邊防軍卻當即把我們這些"階級敵人"五花大綁起來，言語肢體都教訓了一頓，嚎叫"叛國投敵的狗崽子，看你還敢不敢？！堅決鎮壓反革命分子！無產階級專政萬歲！"之類的口號，拳頭槍托一陣亂打，抵不住他們的暴打，仲佳當即昏死過去了，醒過來的時候已經躺在收容所的牢獄地下了，仲佳說。事後知道，大部份同伴都被抓了，也有被槍擊而死去的，但還是也有個別逃友幸運逃脫之後平安抵達香港的。他又說，在抵達塘朗山之前，有一個讓他逃生路上感到鼓舞的奇遇，那是遇到幾位"真正的中國人民"。原來他們二位在啟程之後第三天就被當地4個民兵逮著，他倆當時心想認命只好束手待擒了，想不到他的農民同伴突然跪下求情，央求對方放他們一條生路，還拼命拉著仲佳一起央求，起初他認為對方4個人一起，怎麼會放走他們？！可是在他們再三央求底下，意想不到的事情卻發生了，民兵們八目相投，心意相通似的同時做了同樣的決定：不但答應放他們離開，而且把自己隨身帶的粽子送給他們，還指點路徑、提醒他們小心前面的邊防軍營地！我心想，相比那些窮凶極惡的軍人，老百姓還是同情我們的，可想當年的苛政猛於虎的年代，天地尚存正氣，良心不泯，我們真的吾道不孤啊……

被抓之後，蹲了一個多月的牢房。回憶收容所的非人待遇，仲佳極端氣憤，他舉了一個例子：同監房裏面有二位從海南島來的牢友，因為是份屬所謂的海南建設兵團農場的人（所謂建設兵團，是硬把廣東省內各地的大中學生拉伕似的集中在海南島一些農場和橡膠園裏面做開墾重活。），在牢裏面被用手銬銬在鐵欄桿上24小時站著，大小二便就地解決，晚上也只能夠站著睡覺！據說這是軍法懲處。牢中大夥吃飯的盤子常常被摻沙子，管教人員動輒對這些所謂非法離境者施以毆打虐待、每頓飯只給予二兩左右的粗糧填肚。對付有憲法保障遷徙自由、出境自由的基本人權的老百姓，施以如此酷刑，能不氣憤？！

他回到公社之後，又有一件讓他感覺非常意外的事情：他們的民兵營長得悉他剛剛偷渡不成被抓回來，居然夜裏偷偷來求他下次再出發的時候帶他一起走！他當時就驚呆了，生怕是個騙局，只好告訴他暫時沒有計劃先婉言推辭。

雖然如此，民兵營長有想偷渡的念頭也是有現實可能的。因為至文革運動為止，太多的政府內部資訊曝露出來，很多在光明偉大的目標掩蓋下的猥瑣醜事老百姓看得一清二楚，遮羞布揭開了、動人心弦的政治口號底下原來是赤裸裸的暴力統治。政府的所謂貧下中農政策又只是口惠而實不至。加上多年的施政失誤，珠江三角洲如此富庶的地區農民居然居然三餐不繼！涂斌下乡的番禺靈山下坭有一位貧農出身的生產隊長曾經說過：又是繳公糧，又是繳餘糧，我們都吃不飽了，什麼叫"餘糧"啊，騙鬼去吧！

如此的大環境底下，偶然傳回來一些赴港的民眾生活得以改善的訊息，又眼看著許多下鄉青年不顧死活、前仆後繼地往香港跑，心生動搖不是不可能的事情了，而是一股強勁的暗流和風气。

暗地裡，仲佳卻加緊準備，一個月之後，他又馬上進行第二次嘗試，也是帶了一個本地壯實的志同道合的老鄉出發，這一次仲佳對自己可以說是博浪飛椎、破釜沉舟之行了，儘量準備充足一些，行前再苦練了一陣子泳術。這次也是經過了6天的晝伏夜行，瞄準方向，逢山過山、遇水泅水、披荊斬棘，乾糧吃光了吃野果，跌倒了爬起來繼續前進，和野獸、毒蛇搏鬥過、和同伴吵過架、再同心協力、冒著暴風雨抵達了同樣是國防公路的另外一段，衝過去的時候仍然遇到邊防軍的追趕，這一次卻趁著夜色擺脫了他們，撲進深圳灣的海水裏面。經過8個小時的與海浪的搏鬥，擺脫深圳灣的可怕迴流，幾番與半夜興起的風浪搏鬥，幾度認為衝不出迴流區而絕望過，中途同伴泳術不佳又失去了球膽的情況下，在仲佳無私的幫助下（分享用具、水中推拉。）終於在天亮時分抵達靠近香港新界流浮山的海灘，他浦一上岸便體力不支暈死過去了，直到他的同伴背著他找到熱心的本地人，把他救醒。

老卒不死

阿 何

　　老卒不死。粵語是世界語言中最具形象化和幽默感的語言之一。在半世紀前，"卒"是逃亡者的代名詞。卒是中國象棋中最低價值功能的棋子，地位低微的蟻民也如"卒"一樣。而"督"字在粵語中是"舉棋推進"之意。逃亡者的"卒"跨越了那楚河漢界立即身價百倍！"卒"几乎如"車"，麻雀變鳳凰，命運的轉變隨即拔地而起。人望高處，水向低流，追求美好生活和自由的人蜂擁鋌而走險。這個世界永遠都是"勇者勝"！所以，"督卒"也就成了一個半公開的探險時尚，也是人生最大的賭注，穿越了那楚河漢界的深圳河和天塹一般的珠海出海口，便是人間天堂。當然，冒險犯難誠如闖越一度鬼門關，絕非易事。逃亡者的"卒運"永遠都是一個未知數，謀事在人成事在天，成功的原因超過一半仰賴老太爺的眷顧。當一個人生活在一個沒有希望和感覺不到有人生價值的時候，以"零"價值的生命去博取新生的曙光，那是對個人主觀能動性的巨大激發，甚至可以把生死置之度外。正籍 Barstow 沙漠"逃港紀念碑"的落成，觸景生情，塵封半個世紀的往事又如水中漣漪，百感交集，既感恩上天的仁慈，也緬懷那些失去生命的卒友和他們的未遂之志。他們的軀體離開了我們，而"卒精神"尚存。紀念碑上那栩栩如生的壁畫，展現了生離死別的悲壯和持槍者的冷血。那字體圓潤的碑文——"老卒不死"更是字淺意深，它慰解了那些不幸的逃亡者之靈，也激起了幸存者的幽思和感恩。本人是一名幸存的老卒，籍此憑弔之情而稍作歷史見證。沒有任何政治目的，只想為那段歷史作一點點描述。歷史之河，水過留痕，本人只是那一段歷史留痕的一粒小沙，沙微意輕。但聚沙成塔，若干年後，我們這一代老卒將會隨着有限的生命的降臨如二戰老兵一樣成了稀有動物，雖無司馬遷之筆，卻有老人說故事之心，可喚起一點點提示與警世。

一、三年磨劍

一九六八年的深秋，隨着一道聖諭"知識青年到農村去，接受貧下中農再教育，很有必要"，全中國一千多萬中學生在完成了所謂的"向資本主義道路當權派奪權"的使命後猝然成了"發配充軍"的下鄉知青。當時我只有十七歲，由於家庭出身是"工商業地主"，從文革一開始家裡就被連番抄家，受到政治圍攻，下鄉當然只能是我唯一的選擇。帶着失學的痛苦和被充軍的感覺，我萬般無奈地去了珠江三角洲的順德縣插隊落戶。

順德縣是河流縱橫交錯的水鄉。小艇和小船是當地的主要交通工具。從我下鄉的生產隊到番禺萬頃沙約有一天的水路，而萬頃沙面對的大海就是通往香港的外海。那時偷渡去港澳的風氣在沿海一帶越興越旺，萬頃沙就成了偷渡"起錨"的最佳選點之一。

艱苦的農民生活和難以為繼的微博工分，使我感到越來越難熬。更可惡的是，每星期與在香港的父親的頻密通信開始陸續被扣壓和拆封檢查，心中不由得怒火中燒。父親是1952年逃去香港的，他差一點就做了土改運動的槍下冤魂。父親被冠以"逃亡地主"的帽子，母親則帶着我們姐弟幾人一直生活在艱難的陰影之中。我十三歲那年，母親病危，父親冒死回廣州探望我們，只敢短暫地逗留一天的時間。那時的海關沒有電腦系統，幸好他及早離開，否則他一定會被捕。對於失去母親的愛，父代母職，父親的信是我從少年成長到中學時代唯一得到信念和愛的源泉。如今連這僅有的一點心靈支持也要被剝奪，內心很悲憤難忍。我暗暗地告訴自己：偷渡香港是我唯一的出路，一定要設法偷渡到香港與父親團聚，即使失敗葬身大海也在所不惜！

從此，我開始了切切實實的偷渡前的準備。強壯的體魄是偷渡的必要條件。為了磨練自己的體力，我堅持冬泳和參加生產隊最繁重的工作，尤其是划船外出和割魚草的苦工。每次外出短則三天，長則七天，衣食住行都得在草艇上解決。記得一次外差，突遇狂風暴雨，小小的艇蓬根本不能抵禦風雨。屋漏偏逢連夜雨，一艘大輪船迎面駛來的巨浪把我的小艇掀翻，還未等我反應過來，飯煲、火爐等家當全部落水，瞬間沉沒。那條棉被可是我全部家當裡最值錢的家產，我拼了老命，終於幸運地把它抓撈到手。

另一回出船差更是畢生難忘。當年肥料奇缺，不知生產隊的哪位仁兄神通廣大，憑關係在廣州環衛處搞到奇貨米田共——大糞。條件是我們用白花花的白砂糖去換那黃澄澄的人糞。如獲至寶，生產地便安排人手每週往廣州運糞。明知是苦差事，為了自我訓練操船的技能以及熟識河流狀況和水循，我自告奮勇加入運"黃金"的特別行動隊。因為木船非機動，動力全靠用竹篙撐和行走在岸上縴夫拉縴。由順德去廣州單程三天航程。空船去倒也輕鬆，最恐怖的是到廣州後到裝貨的過程。大船停泊在珠江河畔，市環衛處的糞車把黃澄澄的，稠稠的糞漿用泵萬馬奔騰般傾瀉入船艙。即使只是少量，糞漿飛濺得到處都是。木船沒有艙蓋，在當空的烈日蒸晒之下，那糞漿的功力被加倍地提昇，臭氣也就更加熏天。更可怕的是由於木船空間狹窄，沒處躲避，吃飯的時候對着米田共，睡覺自然也是伴糞而眠。如稍不留神，一個差池便是"一失足成千古恨"，落得個"滿身盡戴黃金甲"。然而，我從小性格倔強，自己決定的事不悔不棄，雖然臭，絕無打退堂鼓之理。那時正值盛夏。說也奇怪，那糞漿被烈日烤晒了兩天之後，表面一層被晒得結了焦。一層焦黑的硬硬的乾糞似乎蓋住了那臭氣。後來我運用科學頭腦分析了一下，其實並非那糞焦不臭，而是一種"久入鮑魚之肆不聞其臭"的現象。到了滿載糞漿木船打道回府的關頭，又是另一番景象。船隨風浪顛簸，那滿一船的糞漿也隨船的起伏起舞，間或有些飛濺到甲板上，令我這個尚不諳農事的純潔都市青年難忍噁心。回程到逆水的河段，船的前行就只能靠人力拉縴了。五個船伕之中我最年輕，資歷也最淺。由不得我喜歡或不喜歡，最笨最累的縴夫的重任自然落在我的肩上。就那樣，我肩上拖著一條一百多呎的粗麻繩，拖著那幾千，上萬斤的大糞，一步一個腳印地在河堤上，泥濘灘上艱難地前行。我的心在滴血：我怎麼會淪落到這步田地？受着最貧困最粗鄙的人指揮，幹着最苦最原始的重活，而我拼着命運載的，卻是最骯髒最臭不可聞的人類排泄物！痛苦的沉思中我茫茫然不知所措。突然一聲吆喝聲把我從迷茫中驚醒，"用力呀！"。原來我沉默中放慢了腳步，放鬆了縴繩，不進則退，那糞船居然停止了前進，並開始後退！船頭撐竹篙的大叔驚恐中發出厲聲的吆喝，當即把我驚醒。當晚船停在河畔夜宿。我躺在甲板上，望着滿天繁星，大腦在翻滾，思潮起伏。輾轉反側不能入睡的當兒，則轉頭看了一眼朦朧夜色下大叔的臉，看着那滿臉的風霜和被日曬雨淋的半禿頭，我心裡打了一個寒顫，似乎見到了自己未來的影子！我暗暗咬牙：我拼了命也要衝出這鳥籠，不然一輩子就得和這大叔一樣了，與大糞為伴了。

督卒的信念在心中已經堅如鐵石。

面朝黃土背朝天的日子一天天地熬着，暗地裡潛心打探和琢磨逃走的法子。我總結了"起錨"必須具備三個關鍵條件：第一，首先要有一個能絕對相互信賴和生死與共的五人組合。要有一只丈八長的草艇。草艇要有五個格艙，每格艙坐一個人。人太多負荷會過重，人少了則力量不足。第二，要摸清楚由生產隊到萬頃沙的水路圖。海防是禁區，沒有特別外出證明會被當地民兵拘捕。第三，需要五只小草艇。丈八的出海艇是我們的主力艦，要特別堅固，要能承受太平洋風浪的撞擊。出海前五個人化整為零，分划五只小艇，以分散民兵與邊防哨所的注意力。

在那個年代，沿海地區有偷渡意向的人不少，但對偷渡有勇有謀的合夥人卻可遇不可求。我經過廣交人脈，在長期的察言觀色中物色有志之士，終於選定了四位好友。幾十年下來我們都成知己和結義兄弟。老大是曾經一次偷渡失敗的富農子弟，失敗後被關禁，並在鎮上受到批鬥和遊街示眾。老二是三代貧農的水上人家，當過民兵排長。但他家人與我十分投契。老三、老五也都是貧農子弟，但他們的父親都是多年前偷渡去了香港，都有"老子英雄兒好漢"的基因。我排行第四。

隨着幾年的路線探索，我們藉口出外割草的草艇向南方越走越遠，膽子也越來越大，居然到了萬頃沙第十三涌的最後一個崗哨附近割草。小小的草艇在民兵看來是不大可能偷渡出海的，他們也就放鬆了對我們的警惕。最後萬事俱備，只欠東風——"起錨"日期的選定。

由於風向的關係，本來冬季是偷渡的旺季，但卻是邊防戒備最森嚴的時候。夏季因為吹東南風，一則是逆風，二則逆風順水造成的巨浪，對偷渡者可以是玩命的賭博，所以夏天是偷渡禁忌的反季節。我們出於一種逆向思維的考慮，決定在反季節的夏天起錨，用高風險行船的不利因素換取海防鬆懈的有利條件。這是以生命為代價的決定，是不成功便葬身大海魚腹的壯士斷臂之舉。

二、投奔怒海

一九七二年七月一日是共產黨五十一週年生日。經過我們研究，那天的天氣預報和海潮的週期都合時宜。於是，黨的生日便成了我們投奔怒海的黃道吉日。一張舊的，過期的大隊外出證明被我用漂白水化學劑去掉墨水，再用煮飯的漿水加封，一張毫無破綻的有效證明書就被巧妙加工而成。（這份有紀念價值的歷史文獻到今天還保留在我身邊）我再自製了一台磁性很強的半導體收音機，用以收聽香港電台，根據信號的強弱來辨認方向。同時我還弄到一隻指南針，也準備了一張三十年代香港匯豐銀行發行的，已經有點發霉和蟲蛀小洞的二十元港幣,以備到香港時應急之用。老五是個虔誠的佛教徒,出發前和我專程到佛山禪城祖廟朝拜,向水帝"北帝公"祈福許願。說也奇怪,我試投的一枚錢幣也正正地落在了許願池裡石龜的頭上。我們高興的相互擊掌,內心充滿希望。

七月一日的晚上是個漆黑的夜晚。我與老二碰頭後,帶上船槳悄悄地一同走出村子。村外的魚塘中停泊的兩只小草艇,幾天前就已經在我們的監控之下了。一路上心情有點緊張,因為偷艇已是偷渡行為的開始,也是犯叛國罪的開始。我們不敢走大路,選擇走小路。突然發現有五隻小田鼠,互相咬着尾巴排成一字在我們面前緩緩爬過。那是老鼠搬家的現象,迷信的人說那是不好的兆頭。及後,又遇到一條幾尺長的金環蛇攔路而過。我生平最怕蛇,而蛇攔路也不是好兆頭。果然,到了水塘一看,發現兩只草艇已經被白天作業的農民移動了位置並載滿了塘泥。我們趕緊脫光了衣服,跳到水裡合力把草艇翻轉,把兩船塘泥盡數倒回魚塘裡,折騰了好一陣子才清理好兩條小艇。而當我們想合力把小艇抬上基圍,翻到另一邊的小河時,卻因基圍太高,抬不上去。使盡九牛二虎之力,折騰了近半個小時,仍然不得要領。我們心裡非常着急。不能出艇就打亂了全盤計劃,因為老大、老三和老五已各自趕赴第一集合地點。人們常說"狗急跳牆",一點也不誇張。我倆心裡一急,一股突發的狂力從體內爆發而出,借着對草艇連拉帶拖而產生的慣性和身體在泥漿中一鼓作氣的衝力,一舉將它掀過來基圍。

幾個小時後,我們五只草艇終於在預定的第一會合地點會師了。四只艇是偷來的,老五的艇是平時生產隊分配給他的外出專用艇。這只艇十八呎長,艇身堅固而修長,阻力較小。到大海衝線我們就指望老五的這只主力艦艇了。老五是五人中划船技術最好的一個,大海航行靠舵手,掌舵就非他莫屬了。老大有很好的耐力和臨危不亂的定力,他被安排為草艇的前鋒,可以及時幫助舵手調整方向的偏差。老二和老三分別是"中前鋒"和"後衛"。而我作為"中鋒",除了划槳外，還要負責看指南針，校對收音機來作出方向定位和清出灌入艇艙的海水，要起到穩定軍心的中堅作用。我們知道：五個人已成為一個命運共同體。為了衝出邊防巡邏的視野和火力，小草艇一旦開始行程，就必須拼命划槳，以五個人的合力所能達到的最高速度往前衝。而進入太平洋後風大浪高，若五人稍有用力不合或身體重心失控，以及船舵掌握或航向糾正得不及時甚至過度等任何偏差，小小的草艇就會像大風大浪中的浮萍，隨時有可能在瞬間被顛覆，船毀人亡。這是航海的定理，更是我們五人的一場命運賭博。七月二日天亮時分，我們的草艇已經駛臨珠江口。為了分散民兵注意力，我們兵分兩路：老五與我分別駕我們的兩只小艇沿大江東邊南下；老大，老二和老三分別駕駛三只艇沿西邊一前一中一後徐徐行進。大家約好在萬頃沙匯合，天黑時分五艇見機同時划向江中，然後一起登上老五的"主力艦"——奔向怒海。

　　下午四時左右，我與老五二艇先抵達萬頃沙的十三涌最前哨附近。我們隨即在草艇上生火造飯，一則需要飽餐戰飯，二則用一個假象迷惑巡邏的民兵，給人一個印象我們只是普通的割草農民。果然不出所料，兩個背槍的民兵沿着江邊向我們走來。在他們未發問之前，老五來個先聲奪人，高聲招呼他們來艇中喝杯白蔗酒。兩個民兵見狀，反而回報了一個多謝的手勢，便繼續向別處巡邏去了。望着他們遠去的背影，我們不禁捏了一把汗。再遙望大江對面，見老大，老二和老三的三條草艇已分別停泊在相距不遠的地點了。

　　我們在觀察和等待。由於沒有手錶，平時已習慣於看太陽的位置判斷時間。到了傍晚六點左右，江水開始退潮，這表示出海的時間到了。可是太陽還沒有完全下山啊，江面上的情況還可以被崗哨看清楚。而退潮的時間是有限的。我們焦灼地看着時間一秒一秒地過去。突然，我們看到老大他們開始了行動，三條草艇以極高的速度刺向江心。老五和我心中暗暗叫苦：太陽還沒完全下山啊！可能是他們耽心退潮的時機不可失，又或是對岸的崗哨有了甚麼動靜？勢成騎虎，時不我待！我倆把心一橫，跟大隊行動吧！兩人死命掄槳，兩只小艇箭也似的直插江心。一轉眼，五只小艇便在江心碰頭，那就是我們的始發站。大家隨即以最快速，最敏捷的動作全部上了老五的主力艦。在那一刻，每個人都熱血沸騰，以全身的爆發力划出每一槳，每划一下都不約而同地喊一聲"去"！那是一種心聲與動作的默契，是多少年來壓抑在心中的渴望如火山般的爆發。每個人的槳都和老大的同步，同起同落，每一槳都幾乎是垂直地插入水中。隨着五支深深地一划，水中同時出現五個又深又急的漩渦。我們知道，迅速逃出民兵的視野是此刻成敗的關鍵。當一個人處在生死關頭身體產生的力量是不可思議的。我們的小艇順着水流，頂着逆風，箭一樣駛向大海。

　　海上的太陽昇也快，落也快。不到半個小時夜幕已經降臨。這時我發現指南針和收音機已經泡在艇艙的海水裡，失去了功效。而遠遠地，傳來一陣陣緊密地敲鑼聲。那肯定是民兵的警示鑼聲。也許他們剛剛發現了我們遺棄的四只小艇，又或者是他們在遠遠的瞭望鏡中目睹了我們出海的一幕。而不管怎麼樣，出海的第一關我們算是闖過來了。

　　在奮力划行了大約一個小時後，突然一陣隆隆的馬達聲從後面傳來，由遠而近。我們立刻一陣驚慄，意識到不幸的事情可能就要發生了。不到幾分鐘，一艘解放軍海軍的砲艇赫然出現在我們的右側。緊接着一聲爆炸巨響，大海瞬間一片耀眼的光芒。那是砲艇發射的照明彈。每個人都嚇呆了，我們趕緊伏下身子。光芒之中我低低地扭頭側望，清楚地看到砲艇欄杆旁站着一個海軍。他軍帽後面那兩條迎風飛舞的飄帶，至今依然十分清晰地印在我的腦海裡。當時我們五人的呼吸幾乎停止，船槳也都停了下來，只有老五還緊緊地把握着船舵。可能立即被捕捉或被一陣亂槍射殺的驚恐，怦怦地狂跳在每個人都心裡。我在驚恐中祈禱着母親的在天之靈保佑。自十三歲那年母親去世後，我一直深信愛我的母親時刻都在我身邊，永遠是我的守護神。

一個人的信仰與信念往往會在最危急的關頭給他帶來無窮的膽量與定力。這時我也聽到老三和老五在喃喃着"北帝公保佑"。照明彈很快墮落，除了和海浪裏着"嘟嘟"的馬達聲之外，並沒有其它情況發生。大約兩分鐘之後，馬達聲逐漸加快，砲艇竟自揚長而去。哇，我們又驚又喜，簡直不敢相信這是真的。我們想像了幾種可能的解釋：其一是當時海上白浪滔天，雖然我們從小艇看砲艇很清晰，那是因為目標大，但從砲艇看小艇的小目標可能就不容易了；另一個解釋是：砲艇上的海軍同情我們，有意放我們一馬；再有一個解釋就有點玄了：上天可憐見我們這五個小毛頭，讓北帝公顯靈，遮住那些海軍雙眼。真真切切的是：我們死裡逃生了！

突然間，我感到雙腳冰涼。低頭一看，剛才這一陣子停槳，小艇在狂風巨浪中起伏顛簸，海水已經灌進了中艙。我趕緊拿起木瓢，拼命把海水舀出船外。大家心情稍加平復，便重整軍心繼續奮力向前划。大概過了四、五十分鐘，又有一艘砲艇在前方出現，是否是剛才那同一艘就無從考究了。但這次的砲艇距離我們遠很多，雖然它也發了一枚照明彈，由於有了上一次的經驗，已不再驚恐。大家隨着我一聲"北帝公保佑！"，人人反而多了幾分帶着驕傲的膽氣。管它追捕也好，開槍也罷，開弓不再有回頭箭，我們就賭它一把罷！

第二艘砲艇在海中打了兩個圈，又離開了。風越來越大，四、五呎高的大浪以排山倒海之勢從頭頂上蓋下來。老大不愧為定力超人的龍頭大佬，他承受着每個直擊而來的浪頭而鼎力不搖；老五更是個"偉大的舵手"，好幾次幾乎顛覆和失控的險情，都被他化險為夷。唯一讓我們耽心的是：風浪還會不會再大？一個接一個的巨浪打過來，重重地撞擊着艇身，它吃得消嗎？它會斷裂嗎？我則一刻不停地向外舀水。我告訴自己，手中的木瓢決不能失脫，否則小艇必沉無疑。

濺到我們臉上的海水味道越來越越鹹。這表明我們已經進到了太平洋的深處。漸漸地在一片漆黑的大海的東南角，顯出了一些光芒。那應該是夜明珠香港的燈光。我們的小艇像撲火的飛蛾一樣,向着那片微光追逐而去。

在砲艇之後,我們又遇到過幾艘夜航的貨輪。偷渡客在公海被大陸貨輪捉獲押解回大陸是常事,我們也不敢掉以輕心。又不知過了過久,香港方向的光亮漸漸不見了,東邊不遠處卻露出了幾排沿江而立的水銀燈柱,燈火通明。我們根據事先掌握的資料,判斷那裡很可能就是叫做"蛇口"的地方(現在已是工業區,大亞灣核電廠的所在地)是大陸邊防當局有意佈置的"假香港",用以誤導偷渡者自投羅網。我及時發出警告,絕不要靠近!寧願保持向南,繼續駛向茫茫大海,也不要誤踏地雷陣。(事後我們才知道,當時我的決定有點矯枉過正,因為我們當時離蛇口不遠,直接向東南就是香港水域了。)

過了蛇口,我們每個人都已經筋疲力盡。從偷艇開始,我們已經連續奮戰了三十幾個小時。這時,海風緩慢了下來,我們突然驚恐地發覺小艇似乎在原地不動了。正在疑惑之間,一條銀光閃閃,足有一呎多長的大魚砰地躍入船艙,把我們嚇了一跳。迷信的老二大喊:快放回大海!我趕緊抓起木瓢順勢一挑,將大魚送回大海。這似乎一種警示,使我們立即意識到:大魚是追逐逆流被海浪掀起的,這說明海水已經開始漲潮。大事不好,漲潮的逆流會把我們沖回珠江口的方向,那我們的努力就會前功盡棄!我們立即將船頭轉向東面一個依稀可見的小島,不管三七二十一拼命地划過去。這時我們真正嘗到了逆水行舟的艱難。帶的乾糧早已在水中泡湯,更要命的是淡水早就沒有了。人是又飢又渴。逆流的海水加上逆風,真是雪上加霜,一段看起來短短一個小時的航程,我們掙扎了整整兩個小時。終於到岸邊時,因為還不知道我們究竟到了哪裡,說不定還要繼續逃命,我們以最後的力氣把小艇抬上岸。之後,五人像死豬一樣癱倒在沙灘上,身體完全虛脫了。半個小時後喘過氣來,我們不敢耽擱,緊張地開始在岸邊草叢搜索,希望發現此處是何方的證物。突然間我情不自禁地驚叫起來,眼前閃出一個可口可樂的汽水瓶和一張破爛的香港報紙。這真是最燦爛的一刻，我們高興得狂跳狂叫，五個人緊緊地擁在了一起。多年來追求的願望終於實現了！老二提議大家就地結拜為結義兄弟。五個人當即對天下跪，迎着海平線上朝陽欲出的五彩朝霞，五人撫胸盟誓。那情景感人至深，永生難忘。從此以後我們生死至交的手足情一直延續到 52 年後到今天。

那是 1972 年 7 月 3 日早上。一小時後，東邊漸露出白魚肚的黎明，我們發現身處一個大島。這大島是英屬地界看來是事實了，但不知身在何處。遠望山邊好像有人煙的跡象。為了安全起見，我們每人拿着各自的船槳作為防衛武器，向遠處的山邊走去。在香港的父親曾經托人帶話：到港後第一件事就是要去差館自首報案，先得到警方的保護和通知家人。其時香港有不少"左派漁民"或地痞流氓等不肖之徒，被他們埋伏捕獲會受到不同程度的欺負和敲詐，最恐怖的莫過於被他們押回大陸領賞。據說每條人蛇的賞銀是一百斤魚。最安全的辦法就是到皇家水警警署自首報案，然後由家人保釋。沒有家人保釋的人蛇，可能會有被遣返的厄運。須臾，迎面走來兩個村民，我們有點緊張。然各人心中已有默契，如果對方來者不善，吾等五條好漢五支船槳足以把對方剁成肉醬。雖然杯弓蛇影，我還是先禮後兵。五個人中，四個是順德農民，說的是順德土話，外交工作自然就落到我這個操純正廣府話的城裡人身上。我做出友善的表情，客氣地向對方求指引。兩位村民告訴我，我們身處大嶼山的梅窩，梅窩警署就在半小時路程的村內。一句道謝之後，我們直奔那小村落。村口有一個賣零食的小士多，我從懷中取出那濕透了的 20 元老港幣，向店主買五瓶汽水。明眼人一看便知我們是剛上岸的偷渡客，但店主人很好心，他遞給我們五支香港出產的玉泉橙汁，卻不收我的錢。誰說資本主義的香港人情薄如紙？！這小小的遭遇就把我實實在在地感動了一下！十多個小時滴水未沾，第一口玉泉橙汁堪比甘露，直入五臟腑，那口感和享受筆墨難以形容！

那年代的梅窩只是一個小漁村，水警署就設在山邊一個民居，警署大門緊閉。我上前按門鈴，一個中年警察睡眼惺忪地開門，打笑：哈，又是五條蛇！他接着說，昨天也有五蛇到步。原來這小小的漁村警署只有他一個人。他隨後把我們引入一個客廳，裡面居然沒有一點警局的樣子，見到牆上倒是掛着的英女王像。我產生一種怪怪的感覺，也許是我們習慣了無處不在的毛主席像的緣故。身處懸掛英女王頭像的地方，不是我們夢寐以求，捨命博取的嗎？看着女王慈祥的面容，我為終於可以蒙受女王陛下的庇蔭了而欣喜。警察知道我們肚子餓，從雪櫃裡拿出一條麵包。那四方形的麵包即使是白麵包，也是我們以生死換來的，簡直就是人間第一美食！

中年警官當着我們的面和尖沙咀水警總部通話。總部傳下命令——給每位非法入境者注射防疫針。

半小時後，兩位態度親熱的年輕貌美護士帶着藥箱來到警署。她們讓我們趴在書桌上，以半脫褲的形式接受打針。面對美女，有點羞澀，雙眼也不知道該望哪裡。無意識中，忽然看見老三的屁股紅得幾乎見血，一大片的皮膚磨損了。也許是條件反射，我頓時覺得自己的屁股也一陣灼熱。我立刻意識到，三十多個小時的划艇，屁股與艙板之間隨着劇烈的上身搖擺的摩擦，加上海水的作用，我們的屁股受罪了。只是由於我們太專注，當時全然不覺。此刻面對貌美如花的女護士，飽受鹽水浸泡的屁股居然火辣辣的劇痛起來。

個把時辰之後，香港皇家水警總部的一艘高速水警輪來到梅窩把我們五人接走。我們第一次目睹維多利亞港兩岸高聳入雲的高樓大廈。幾個土包子被眼前的繁華壯觀震撼得目瞪口呆。想不到僅僅二天前還在那鄉間桑基魚塘上下撲騰，幾小時前還在大海上生死未卜，現在居然已經站立在時速超過150里的英國皇家水警輪的甲板上，進入一個完全陌生但幾乎可以肯定安全而且充滿希望的新世界。冰火兩重天啊！站在飛馳的水警輪上，船頭的米字旗被風吹得劈裡啪啦，我深深地吸了幾口沁人心肺的自由空氣。想到很快就會見到既熟悉又陌生的老父，內心萬分的興奮。又立刻意識到今生或許再也不可能重踏生我育我的故土和分離的兄姐，心中百感交集，大腦突然一片空白。

水警輪把我們載到尖沙咀警署，我拿着一個寫着我的中英文名字和出生日期的牌子拍了一張照片，然後我們被投放進一個羈留間。那照片就成了我日後的身分證頭像照片。

到香港的第一頓晚餐更是令人難忘。那年代還沒有外賣飯盒，獄警一手提着五袋裝有食物的透明膠袋和五罐汽水遞入牢房。我看到裡面有飯，有菜和一卷卷白色的東西，有點像現代女人用以卷頭髮的髮卷。我吃進肚子還不知道是甚麼食物，只覺得十分鮮美。好奇地一問，才知道那是新鮮魷魚。這還是我第一次吃到魷魚。我反覆嘴嚼，捨不得太快把魷魚吞進肚裡。那五罐汽水更令我們不知所措，不知如何打開那鋁罐的蓋子。五個土包子就如劉姥姥進了大觀園。老二心滿意足地說：如果每天都能吃到如此美味的食物，一輩子在香港坐牢也心甘情願了。

夜深人靜，窗外不斷傳來不夜城的車聲，特別是燈紅酒綠的尖沙咀，徹夜不停。我雖然已經很疲勞，興奮的心情令我久久不能入睡。朦朧中突然聽見對面牢房傳來陣陣慘叫聲。我站起來，悄悄地挪到鐵欄旁邊，看到幾個警察在對面牢房輪番用警靴踢蜷伏在地上的囚犯，口中不斷地用粗口斥罵。我伏在地上大氣也不敢出。心中暗暗吃驚：是否下一個"下馬威"就是我們五個新囚徒？

還好，一夜平安，沒有被人騷擾。到了早飯時分，一位獄警一手拿杯咖啡，一手拿根香煙，打開牢門笑着走到老二跟前，把手中的香煙煙灰抖了少量在咖啡杯內，遞到老二面前，滿臉的陰笑，叫老二喝了。老二是五人中身材最高大的一個，卻也是外表最土的一個。老二被嚇得一呆，接也不是，不接也不是。那獄警突如其來，一拳打在老二的胸口上。他半開玩笑地說：在這裡老老實實！隨後斯斯然而去。我想，這或許是牢房中對新犯人的規矩下馬威。

到了傍晚，我家姐到監房來探監，但不許見我。她留下一百元港幣給獄警，算是給我買零食的費用。1972年香港的製衣工人一個月的月薪約三到四百元。一百元，是一個普通製衣廠工人約三分之一的月薪。隨後獄警給我送來一條麵包，並說：獄中規矩是有福同享。那麵包就兩元錢而已，剩下的，自然就是獄警的好處了。香港ICAC廉政公署成立於1974年二月，廉署成立後，港府內，紀律部隊內的貪污現象大大地收斂了。

自始，獄警對我們客氣了不少。原來我們老五的堂叔也是警員。自家人當然會額外關照一下。而我家姐也再送了一次錢去牢房。

我在水警總部的牢房裡經歷了四天的鐵窗生涯。第四天傍晚，獄警笑着打開牢門，告訴我我被釋放了。而其他人還不能離去。我望着那四位出生入死的同伴，心中滿是狐疑和不捨。我是耽心在香港沒有親友的老二。那年代，那些在香港沒有親人認領的逃港者或會被港府遣送回大陸的。我事後才知道，我姐夫認識一位頗有影響力的警探，我是被特別開恩放行了。那獄警更告訴我，他們已安排一輛去旺角的巡警車直接送我去我父親的草藥店。我絕對是受寵若驚。對比之下，更耽心尚在囹圄之中的四位兄弟。但此時此刻，我也毫無辦法，百般無奈。

我步出警署，登上等候的警車。車在尖叫着的警笛和刺眼、閃耀的警燈中飛快地向旺角駛去。我從幾天前被軍警追捕到今天在女王陛下的地盤受軍警當賓客保護和招待，反差何其大！我也第一次目睹東方之珠大繁華世界，那些燈紅酒綠的霓虹燈和招牌更令我目不暇給。由尖沙咀往旺角的主幹道彌敦道，車水馬龍，警車左衝右突，如入無人之境，好不威風！我也自覺有點狐假虎威的快感。突然間，警車停在人群熙攘的十字路口，坐在我身邊的警察示意我瞄向正橫穿馬路的幾位穿着超短裙的"迷你裙"少女，壞笑着對我說：靚仔，看清楚了，香港的女孩子都沒有穿內褲的！車上的兩位警察也附以淫蕩的大笑。我當場被他們露骨的笑話尷尬得面紅耳赤。那年代的大陸年輕人在"性"方面相當無知和保守，從未見識過如此露骨、低俗的笑話。1972年是嬉皮士流行的年代，香港自然緊跟世界潮流，迷你裙大行其道。因為校規不允許裙子太短，那些穿短裙校服上學的女學生，一出校門就用別針把校裙捲起裙邊，以追"短"為時尚。車快到旺角時，一位警察叔叔有點扳起面孔對我說：靚仔，今日你好運坐上我們的警車，你日後最好警醒做人。如若他日你作奸犯科再坐上我們的警車，我們一定對你不客氣！我明白他們的警示。當年不少卒友到港後，急功近利以為彎道超車，鋌而走險，黃賭毒也就算了，打劫銀行、金號也時有所聞。短短的警車之旅和警察叔叔的一席話，對我這個還未涉足香港這個花花世界的純潔毛頭青年，是半個世紀也磨滅不了的記憶。

警車駛入繁忙的旺角街市，在一間我在無數照片裡見過的草藥鋪前停下。草藥鋪很有特色，鋪裡鋪外都掛滿了生鮮和曬乾了生草藥。那個不到一百平方呎的草藥店，它的袖珍，絕對的出乎我的意料之外，寸金尺土的香港使我的眼球放大。在林林種種的草藥旁，我見到一位老人，很老很老，但精神奕奕。那就是我82歲的老父親。想必老父親一定是站立在店前多時，期待着他只見過一個短暫之夜的兒子。（我在前文交代過，在我十三歲還是少年的那年，老父親行跡匆匆回廣州逗留了一個晚上，就為了見病危的母親一面。那是八年前，是我懂事以後唯一見過父親的一次。）我在嘈雜的警笛聲中向警察叔叔道謝，隨後在眩目的警燈中急不及待地跳下車，一個箭步跑到老父跟前，用我顫抖的手緊握眼前這位既陌生又熟悉的老人—我老爸的手。陌生是因為我們父子相見只有一夜；熟悉是因為老爸多年來的書信往來，早已把父子之情心靈相通地連在了一起。父親的字寫得很好，文學造詣頗高。很多時候，我把父親的信作為我練字的臨摹字帖。父子情深，可見一斑。

警車的到來，引來了隔鄰商鋪和鄰居過來看熱鬧。老父親興高采烈地拱手告訴鄰居，他最小的兒子，我—剛剛偷渡到港。圍觀的鄰居竊竊私語，奇怪這位82歲的老人居然有一個20出頭的小兒子。令人詫異的原因是我年輕時外表的稚嫩，瘦小以及不成熟，常被人誤認為是尚在讀書的中學生，我看起來我更像父親的孫子。大陸易手之前，父親家境富有，娶有三房太太。我媽媽是他最小的太太，我是父親第十五個男孩！我出生那年父親已經六十一歲，我也常常自嘲是老爸的"十五阿哥"。父親保養得當，看着年輕，他到86歲依然為病人診病。父親生性好學，年輕時雖然從商，忙中偷閒也研究中醫診脈。命運的變遷，昔日學醫的修為也陰差陽錯地成了他晚年在香港懸壺濟世的營生。這也許是冥冥中上天的安排，給一個好學制人的獎賞。

成功抵達香港是我人生最重要的轉戾點，沒有之一。飛出鳥籠的鳥，對獲得的自由更為珍惜。在自由的社會，能者居上，個人的本領、技能是必不可少的傍身利器。我考慮的首要任務是學業的補償。對一個剛剛讀完初中二的卒友而言，中英文的惡補是當務之急，日工夜讀也是唯一的可行途徑。在那個充斥"黃賭毒"的社會，潔身自愛和融入社會更是心中時時刻刻的自我提示。工餘之外除了上夜校，讀報和流連書局就是我唯一的愛好。就如一塊被拋入水中的海綿，拼命地吸水。父親的商住兩用鋪位，空間逼仄，我的床鋪晚上用完每天早上都要拆卸擺好。在炎熱的夏天，我索性在店鋪的屋簷下擺一張帆布床，斜斜地掛起一塊尼龍布，作為我隱私的遮蓋。那時的旺角街市挺骯髒，到處都有成堆的垃圾，街市老鼠也養得肥肥胖胖，夜深人靜之時便出來覓食。開始時我常常被床底下活動的老鼠驚醒，頗恐怖。慢慢地，也習慣了，我睡我的覺，它覓它的食，兩不相干。心想，總比與米田共同臥來得安穩。

冥冥中老天爺自有安排。三年後在晚上放學的巴士上偶然碰到家姐在佛山一中的同學。"同是天涯卒友人"，高興之餘她告訴我一個星期之後她就要去美國。原來她是以難民身份赴美。我聽了十分興奮，弄清楚申請手續之後，立即辦理申請。一個月之後，我別過依依不捨的老父親，開啟了我的洋插隊生涯。

一個月後，在港鄉里們傳來話，生產隊幹部社員因為失去了那條草艇,也就是我們的主力艦,雷霆震怒。這當然可以理解,因為那是我們生產隊最好的草艇,是他們賴以生存的重要謀生工具。生產隊幹部放話:這幫偷渡犯必須賠償生產隊四百元。他們的家屬乖乖賠錢尤自可,不然,叫他們吃不了兜著走!我們聞訊,幾人趕忙湊足了五百元人民幣,託人帶回去給生產隊。至於其餘四只較小而破舊的小草艇,是我們幾人從不同的地方偷來,沒有苦主,想作賠償也無從下手,只好作罷。

老五有一雙又大又精靈的大眼睛,綽號"大眼"。1979年他回了一趟順德,並帶回去一台27寸彩電送給龍眼生產大隊。27寸彩電在1979年的順德不是小兒科。大隊部張燈結綵,全村大人小孩,大姑娘小媳婦奔走相告:大眼從香港回來了,還帶回來27寸彩電!八九十歲的老人笑得咧開了合不攏的無牙大嘴:這是我們龍眼多年未見的大喜事啊!常言…升官發財不回鄉就如「錦衣夜行」…無人知曉。

1980年,新加玻舉行了一個國際龍舟大賽。我那幾位出生入死的卒友兄弟是香港參賽代表隊的成員。他們榮獲第二名。可惜我已身在美國,如果當時在香港,我理所當然必定是他們中的一員。

1975年我到了美國,這片自由的國度是移民的大熔爐。每一個移民都有他的美國夢。他們紮根、開花、結果。

對一個從小就在苦難的環境中被磨煉的我,特別是經歷了那幾年知青下鄉務農的苦日子,生存的能力就如沙漠的仙人掌,可以自豪地說——扔到哪里都可落地生根!更何況美國是一片肥潤沃土,自由的空氣和燦爛的陽光都是生命之源,它給了每個新移民帶來了人生後天的優越條件。「努力耕耘,不問收穫」更是我這個洋插隊多年的座右銘,干過農活的人都有苦干和實干的習性,而苦干、實干加巧干就更能使自己彎道超車,事半功倍。在55歲那年,在我為電力公司任職了26年之後,我突然之間產生了想退休的念頭⋯⋯覺得自己這一輩子一直都為生活奔波勞碌,自己一輩子做的工作好像是別人做了兩輩子的總和。我想:是時候自己給自己一個賞賜的機會了——

提前退休！年青時有許多想要做的事，而一直疲于奔命仍未有機會去做那些心儀的事，未竟之事太多了！如旅行、書法畫畫、閱讀、修破屋房和買賣房屋……又或在華爾街遊蕩……剛來美國時，很佩服老美那 Do it yourself 的生活作風，他們都是亦文亦武的萬能高手，他們都很追求那種「成果感」的享受，而我的性格又何嘗不是如此！如出一轍，我是十分享受那種有付出而又有「成果感」的人，不敢用「成就感」三個字——因為「成就」是大人物的用詞，我一點也沾不上邊！而「成果感」卻是每天都可隨手拿來的短暫快感，有點滑稽，退而不休，似工作又非工作，使退休生活達到了「生命在於運動」的境界而又不失退休的意義，這樣的退休生活一眨眼就過去 15 年了，而我還是樂此不疲！老爸年青時在經商之餘學醫，或許我是受了他老人家的一點影響，也有備而為，有樣學樣，我早在 80 年代就考取了加卅的房建牌照、電工牌照和地產牌照，想不到我也如老爸一樣，刻意的埋下伏筆也好，無意的貪婪也罷，如步入 Home Depot 看到那些好工具，有一種想要買回家的衝動，人生的工具箱里多幾件備用工具很有踏實的感覺，而在現實的生活中，我家的大小電鑽就超過 10 把，佔有慾是人的天性。在這自由的國度，海闊天高任鳥飛，幾年前在疫情的開始，不能外出，我帶上我的裝修工具飛去夏威夷的火山島裝修我的兩間民宿。任性是「卒友」的固有特性，否則就不會有「督卒」闖楚河漢界的險著。每一位飛越重洋移民來美的「卒友」都是二度「督卒」，他們的身上仍有當年卒友的餘勇和蠻勁，對美好的未來都滿心憧景。要知道，棋盤上的卒，只可前進，沒有後退——老卒不死是也！

　　光陰似箭，五個拜把的死黨各奔前程，老大在港當了幾年紡織機學徒，在 90 年代年中期乘著國內改革開放，由小本經營開始，在廣東大展權腳，大小廠房分布各地，一條流水線作業，由棉紗——織布——印染——成衣出口，但隨着地緣經濟的變化，最後還是以提早退休而結業。曾是民兵排長的老二，身材高大，力氣過人，在建築工地安裝水泥模板，他為香港的水泥森林添磚加瓦，功不可抹，天道酬勤，他也擁有兩處物業。老三也是克業敬業，幾十年來一直在菜市場謀生——手操豬刀賣豬肉，我等常與他開玩笑，街市屠夫！很婉惜，幾年前因病去世了。老五生性樂觀開朗，隨機應變力強，在香港曾闖出一個小名堂的地盤判頭，在我來美後的七年，也跟隨我的腳步來了美國，皇天不負有心人，他在洛杉磯的西人區開了一間餐廳，生意奇佳，近朱者赤，在我鼓吹之下，在最好的時宜不斷投資房產，當起了美國的黃世仁，他在經營了25年的中餐館後，在疫情前就毅然退休，他講究黃昏無限好的享受，與我這個「生命在於運動」的老四不一樣，我是四肢要動，頭腦要轉的「忙人」。我常想，命運或許是上天的冥冥旨意，但通往那未知數的轉折點，還是要自己闖出來一條路，就如當年那些攀山越嶺的卒友們，朝著香港的燈光如飛蛾追光，匍匐前進，但腳下的小路卻是各人的選擇。

　　2004年，我帶着兩個兒子回香港，向他們講述我的香港故事。我們重訪舊地，帶他們看他們爺爺的草藥店舊址。草藥店已經改海味商號了，而老爸的中醫師招牌依然高懸在那裡，只是那超越了大半世紀的招牌在多年的風霜雪雨侵觸下，已生鏽竭色了，但「何××中醫師」的字跡仍是那麼潤蒼勁和那麼熟悉，它是老爸的自己親筆，我凝望那招牌又泛起了不少傷感的回憶……在我離開香港之後的兩年，老爸不慎跌斷了股骨，手術的並發症最後也使他躲不過病魔，而我當其時因為綠卡的延誤而未能回港，那也是我終身深感的內疚和遺憾，我曾答應過他老人家一旦取得綠卡便立即回去探望他，在父子遠隔重洋的兩年里，我們又恢復了偷渡香港前那樣的頻密通信，近乎每星期一封家書，重洋分隔不了父子情深的牽掛，家書從閒話家常、詩文題材和社交之道等等，無所不談，家父對我這個「十五阿哥」特別偏寵，或許是因為老年得子的喜悅吧！我這么兒在老人心目中永遠都是他那位未長大的兒子！在老爸走後，我含淚整理了與老爸的信，兩年超越了80封信，在最後的那幾封信里，老爸的字體明顯出現了從來沒有過的偏歪……那年代沒有人能支付那貴得令人咋舌的遠洋電話⋯⋯當時已是晚上十時，街市已經一片寧靜。我一邊拍照，一邊向兒子們講述人鼠共處的故事。世事居然如此巧合，說時遲那時快，兩只又肥又大的街市老鼠旁若無人地就在我們跟前緩緩而行，肥胖的體形就如侏儒一樣左搖右擺，舉步為艱的樣子，太太和兩個 ABC（American Born Chinese）嚇得驚叫：老爸的故事不假！而我在想——這兩只肥鼠應是它們半世紀前在我床下覓食的老鼠祖宗的百子千孫，有緣了，幸會了！

通往自由的火龍

口述：偉強　記述整理：周継能

一、父親佑我得重生

1979 年 12 月初，父親拖了多年的嚴重肺氣腫病已經進入危重階段，鄰居送給我家四公分厚的新的杉木板做準備，當時物資極端短缺，這些木板是鄰居從山區想辦法搞來的。我請木工將這些杉木板做成棺材，並在市郊橫沙找好墓地，我想等我父親去世後才出發偷渡香港。到了 12 月 15 號，離年底只有 15 天了，我的偷渡夥伴催促我啟程，因為當時大張旗鼓地宣傳新刑法，說是從 1980 年 1 月 1 日起，非法偷渡邊境要判刑二年。情勢險峻，我左右為難，精神幾乎崩潰。此時，母親對我說：你趕緊走吧，你一世的前途要緊，送不送終無關係！我感激母親的大度，我深情地望了父親最後一眼，含著淚水邁出了家門。後來聽母親說，16號我父親醒過來問起了我，我母親對他說，兒子已經出發了，母親要我父親保佑我順利到達香港。父親安詳地合上眼睛，他一定是在最後關頭為我祈禱，父親于17號去世。我於當月25日（聖誕節）到達香港，歷經五次失敗，第六次"督卒"，我終於在父親亡靈的保佑下，成功抵達了重生之地。

我與夥伴這一次"督卒"，走的還是"火龍"之路，所謂"火龍"，就是扒火車偷渡。偷渡的途徑有很多種，有"著屐"（划船）、有"撲網"（翻越鐵絲網）、有"著草"（翻山越嶺走陸路）、有"老橡局"（橡皮艇）、有"攬泡"（泡，粵語裡的浮水工具如吹氣枕頭、皮球膽等）……，每一樣都是艱辛備嘗、驚心動魄，死人無數。

這一次，我與卒友還是到湖南郴州上貨車，郴州站雖是小站，但貨車會在此停留。算起來我這次是第五次"火龍"（扒火車）偷渡了，前面四次雖然失敗，卻沒有失手被抓，沒有遭受過牢獄之苦。這一次我算是破釜沉舟了，因為新刑法實施後失敗的代價要大好多。

火車鳴笛起動，我與同行以及"鐵路仔"三毛跳上了貨車，驚訝地看到，同時跳上火車的連我們竟有十人之多，九男一女，除個別外彼此互不相識。人多了本來不利，但誰能趕誰人走呢？我們在車頂一個車廂一個車廂地跳，找到了供港貨卡，我們合力撬開了車窗，一個個從車頂溜下車廂側的梯子，再從視窗鑽了進去。（扒火車細節在後面有交代）。這一次找到的貨車廂，所運貨物是俗稱"原子襪"的尼龍襪子。

我們這一次是有備而來的，同行中有一位湖南"鐵路仔"建財，他曾經用"釘夾層"的方法，順利到達香港，只不過運氣不好，落地後遇到香港員警被返解回來。

所謂"釘夾層"方法，是這樣的：當時不少貨車車廂，外表是鐵皮，裡面緊貼著鐵皮的是三條打橫的木枋，木枋裡側是上下兩組的木襯板。"釘夾層"就是將車廂一端的木枋、木襯板拆下來，向車廂中部移動四、五十公分,先釘好三條打橫的木枋做骨架,再依木板的次序釘回去(木板分上下兩組,打豎拼接,板與板之間有凸凹槽結構,板與板之間的次序不能混淆弄錯,否則板壁不能復原),人藏在襯板與車殼鐵皮之間。這樣做,即使遭遇檢查,檢查人員一眼望去,並無異樣,不認真量度車廂的長度是不會發現有人做了手腳的。當然,這需要相應的工具:手錘、鐵釘、扳手,鋸片,還有一兩件木板等,我們通過"鐵路仔"的熟人(列車乘務員)將撬棒等顯眼的工具先行帶到郴州車站。

自然,"釘夾層"之前,要先將貨物一箱一箱搬到車廂空隙處,騰出工作面,再將夾層的木板木枋一根根撬下來,將木枋、木襯板前移,使得夾層前後空間能夠蹲下一個人。但是我們這次足足有十人之多,車卡寬度勉強夠容納十個站立的人,假如全體人員全程站立,顯然不是辦法,你知道火車何時才到香港呢?我們在夾層半空釘了兩條橫枋,讓個子小的兩個坐了上去,等於騎在了其他人的頭上,剩下的位置坐不下八個人,只能七個人坐著而輪流站立一個人。

正在緊張地作業,列車停靠在韶關車站,車廂中部大門"呼喇"一聲打開了,我們驚呼一聲:糟了!以為是檢查的公安人員要上來。不料,上來的卻原來是四個偷渡的廣州仔,他們剪開了車門的鉛封爬了上來。這四個廣州仔上車之後要求進我們的夾層,我們說:我們已經十個人了,還怎麼容納得下你們?況且你們剪掉車門鉛封不是告訴人家有人爬火車在裡面嗎?可是生氣有什麼用?趕又趕不走他們。只能警告他們:假如在笋崗檢查站你們被發現了,你們將我們供出來,入到"格仔"(收容所)我們就找你們搏命。

我們將夾層釘好後,將紙箱堆回靠夾墻的位置,十個人再踩著紙箱行到頂推高天花板一個一個鑽進夾牆內。那四個廣州仔看著我們操作,相信他們假如這次不成功的話也學到了方法,他們在另一頭也躲了起來。

火車到了距離深圳還有五公里的笋崗檢查站,幾個軍人打開車門上來檢查,外面燈火通明,光線從天花板的縫隙透進來。其中有兩個廣州仔果然被查獲,我們聽到講普通話的人問"還有沒有人,翻出來打死你們",聽到廣州仔回答"總之在韶關上車就我們兩個人。"他們沒有出賣我們。只聽得外面人在交談,可能是鐵路人員與軍人商量要不要將車廂扣下來,我們的心緊張到了極點,已經做好要壞事的打算。過了一會燈光沒有了,大概一小時後火車又啟動了,行了一段時間之後火車停了下來,估計是停在了深圳。第二天下午大概下午二點火車動了,應該是深圳這邊用車頭將列車推過了深圳橋,列車再次啟動,我們雀躍起來,一個接一個人爬了出去,將車窗打開了一條縫,看到了異於大陸的景物,甚至看到了車站上的香港員警,終於跨過了邊界,能否最後成功就看後面一步了——跳車。

借用圖片,說明偷渡客跳車前的情景

激動和忙亂之中,我還不忘看了一下手錶,從郴州上車到過邊界,足足用了三十二小時。

成功與失敗在此一舉了,在隆隆的作響的鋼鐵碰撞聲中,我們一個個從視窗鑽了出來,通過窗旁的鐵扶梯,再爬到車廂兩頭,分佈在兩節車廂的連接處,每個車廂兩邊上下都各有一條鐵通,我們扶著上面的鐵通，站在下面的鐵通上，一邊在緊張地等待時機。什麼時機呢？就是列車轉彎的時機，此時車速會放慢，假如列車向右轉彎，我們就要在左側跳；假如列車向左轉彎，我們要在右側跳。為什麼要這樣做呢？因為列車尾部有香港員警跟車觀察，他們會在全程監控，一旦發現有人跳車會通知司機剎停火車抓人或通知沿路員警抓人。

在一個大轉彎處，列車的速度果然慢了下來，發現火車在向右大彎道行駛時，我們爬到左邊視窗邊的扶梯，面向前面，右腳站在梯上，左腳盡量抬高往下跳，這是鐵路子弟教的辦法，我們一個個跳下了火車。落地後我發現自己僅有輕微的擦傷，正在慶倖，可是抬頭一看又驚出一身冷汗，原來我的落地點在鐵路隧道前，慢一秒鐘跳我都會成為下一個楊載興（後面介紹）。跳車後我與其他人失散了，我知道，現在還不能說成功了，此時香港實行的是"抵壘政策"，偷渡者要入到市區領到"行街紙"才能獲得居留權，而在新界地區被抓獲的偷渡者是一律返解大陸的。

我看到一個香港男子在走在路旁的石級上，我說先生，我剛到香港，你可不可以幫我打個電話，他不理睬我。我再走了一段路，看到幾個在草地上鋪上膠布野餐的青年男女，我對他們說出請求後，其中一個女青年帶我入香港中文大學食堂電話亭，打電話給早期到達香港的大弟弟，弟弟回廣州處理父親的喪事去了，由他的朋友來接我進了市區。三毛與兩個湖南仔也摸到了我大弟處，兩個湖南仔由先期抵達香港的兩個兄弟接走，不過他們四人在門外等候的士時，被巡邏經過的員警看到他們不像廣東人，將他們帶回警署，來接他們的兄弟因已經領有香港身分證，獲得釋放，而兩個湖南仔被反解回大陸。

我終於實現了夢想，站在了香港的土地上，幾天後聖誕假期結束，政府機構恢復辦公，朋友陪我坐的士去港島金鐘道"香港人民入境事務處"領身份證明。這個情景可用"人山人海"來形容了，幾百人沿著大樓前面空地轉了幾圈的鐵欄桿排隊。進去後填寫表格，右手大拇指打了指紋後，給了我俗稱"行街紙"的身份證明，獲得了合法居留證，走出入境處大門口一刻，我整個人跳起來，竭盡氣力仰天大叫"成功了！成功了！"，經歷了這麼多艱難險阻終於成功了。

參考一下，同期他人的"行街紙"

得到"行街紙"後，我即刻打電報回家，我在電報上就是幾個字"我不回勿念"，後來聽講我母親正在哭泣，丈夫去世，兒子生死不明十多天了，我母親收到電報後轉悲為喜。

1980年1月7日，偉強抵港十三天后拍攝于香港黃大仙祠

二、驚險萬狀說"火龍"

我為什麼會選擇"火龍"之路呢？這得從我第一次偷渡說起。

我第一次偷渡的時間是1979年5月，記得是5月11號這天，我們五個人用250元包了一部的士，向中山珠海進發，我們五人穿上香港帶回來的服裝，冒充港澳人，所有偷渡用品如指南針、救生圈、乾糧等放車尾行李箱。我們當時的目的地是澳門，在中山縣邊防檢查站，民兵打旗要我們停車接受檢查，我們吩咐司機衝過去，開快車走了一段路，到了山邊就下車往山上奔。在大山中走了三個晚上（白天躲藏起來），在第四天被巡山的民兵抓獲。

我們被送到中山縣的"金鐘"收容站，關了十多天，又被押解到廣州沙河的省收容站，再被送到增城縣派潭農場做苦工，每日擔公路廁所的大糞和豬場的豬糞，我還要每天早上負責將監房的便桶擔出外面，每餐南瓜煮大頭菜，無油無鹽無肉。做苦工二個月後由工廠人保去領我出來，我家要交豬肉票、油票、糧票、每日四毫子（一個月12元伙食費）給派潭農場才能贖身。拘留和轉解中人格羞辱是常事，我親眼見一個廣州仔為爭一支香煙被人咬住手指，抽出來後露出血淋淋的手指骨。工廠領我時警告我：再去偷渡，就送去"勞教"兩年。

在增城派潭農場做苦工時，結識了鐵路子弟"三毛"，他跟我說，以後偷渡，可以跟他走"火龍"這條路，因為他在郴州車站有熟人，可以看到貨單，查到哪一趟列車有赴港貨車，以及車卡資訊。

自此之後，每次都由是"鐵路仔"和我們一齊起行，他們熟悉鐵路上的事，知道如何規避危險，例如：要留意火車前方情況，每次開到隧道口時就要儘量趴低，因為隧道的頂部會將偷渡客掃落火車，我記得有一次車頭在隧道裡鳴氣笛，我們身上都跌落滿身煤灰，成了"黑人"。最重要的是，鐵路仔有辦法打探到赴港車卡的情況，這對"火龍"偷渡是極其重要的。這些"鐵路仔"在香港無親無故，語言不通，也要仰仗我們這些廣州仔，大家各有所需互通有無，彼此可精誠合作。

以我的一次所見來見證一下當時"火龍"的"盛況"：郴州車站附近同時遊弋著一百多號青年男女，眼神四顧遊移，一眼就可看出他們所為何來。有車站人員跳著腳大罵：他媽的你們這些偷渡犯，等我打個電話去深圳，將你們全部抓起來！嚇得我們放棄了這一趟列車。

前面已說到，"火龍"的危險之處在于，在車頂上勾留時，會被隧道頂部刮到，碎屍萬段；在貨車貨物的空隙藏身時，會被貨物壓扁，還會餓死、渴死，還會被抓。我到達香港一星期後看報紙，搬運工卸辣椒乾，在麻袋底下赫然發現二個已經死亡的偷渡客。還有更恐怖的事，在深圳前的"筍崗檢查站"，有軍警上來檢查，搜捕偷渡者，他們直接用鐵筆插向貨物堆，目的是將偷渡者逼出來……好不容易到了香港路段，為躲避員警，要跳火車，不掌握要領的話，一個不小心就會落個粉身碎骨的下場。鐵路仔自小在鐵路邊長大，跳起火車來如履平地，我們就要困難得多。我後面會講到我的鄰居楊載興，就是死在香港旺角隧道前面。我認為爬"火龍"的傷殘及死亡率比撲網、游水更高。

郴州有座蘇仙嶺，山上有座蘇仙廟，我們每次到達郴州少不了去拜祭，祈望得到神靈眷顧。整個蘇仙廟文革初期給紅衛兵破壞到只剩下牆壁，屋頂的瓦片全都都是破洞，菩薩也全部被打成碎片散落在後院，廟的大門也沒有了，我們用香煙代香燭，挿入大門外的石頭縫裡，我們幾個跪在大門外面拜蘇仙，祈求蘇仙保佑我們能夠順利到達香港。

到達湖南郴州後，由"鐵路仔"三毛打探好到香港的火車卡號碼及時間，當晚我們在車站附近蟄伏。火車最後的車卡一般都是敞篷運煤卡，位置都是已經出了車站外面，火車啟動前一般都會鳴汽笛，我們馬上沖出去爬上露天煤卡，趴在煤粉上面，火車離開車站後我們就一卡一卡跳，尋找去香港的目標車卡，每次都要跳二十卡左右才找到。

當然我們也要帶上膠袋裝大小二便，便溺後用橡皮筋紮好，因為一旦入到"堆位"（偷渡術語，意即藏好身），一切都聽天由命，你不知貨車何時開行何時停靠，何時抵達香港，更不知會遇到什麼意外情況，人像動物一樣無日無夜卷伏著，一定要處理好污穢物。

四十年前的貨車車廂與圖片上的有所不同，那時車窗是在內向橫打開的。

找到目標車卡後，我們就要用撬棒來撬開車窗，撬棒是用彈簧鋼打造的，每次"火龍"都要帶上。當時的貨車車卡，靠上方的地方開有車窗，窗門是在內打橫趟行的。每次撬開車窗都是在列車行進過程進行的，一人趴在車頂上，頭和手伸出去，用手握撬棒撬窗門，其他人趴在車頂上用雙手扯住壓住他的雙腳，讓他雙手可以發力。此時列車飛馳，左搖右晃，更有猛風撲面，還要留神前方有無隧道。一不小心，就會死無全屍。

有人問，那麼為什麼不撬車門呢？車門有鉛封，車門被撬開過很容易被發現，沿途有多個車站，寶安縣筍崗還設有邊防檢查站。

從1979年7月底開始至12月底，我總共五次扒"火龍"，最後一次才成功。具體哪一次在什麼日子已經記不起來了，但過程卻是刻骨銘心地記得。

有一次，我和我的一位同學、三毛扒上一列貨車，車卡裡裝的盡是出口香港的鴨嘴梨。我們先行"冧堆"（偷渡術語，即搬弄貨物以藏身），在一端搬動鴨梨箱子騰出容身之所，藏好身後，三毛帶來的一位朋友幫忙在我們的頭頂壘上五層鴨梨紙箱，壘好後該朋友跳車走了。列車走下停下，走下停下，我們口渴就吃鴨梨，肚餓還是吃鴨梨，足足走了84小時，列車乾脆停在野外一條閒置的路軌上，一動也不動。我們在貨物地下卷伏了幾十小時，我同學熬不住了，提出要放棄，我說你又不是不知道，出發前的一天我才送我媽去醫院住院腎結石開刀，我父親病到得半條命，今次能進到"堆位"（偷渡術語），好不容易找到人幫忙封頂，多不容易，死都要死在裡面，我不肯放棄。他說：我和你幾拾年同學，有乜嘢事不要丟下我。同學問我要人丹吃，我打開電筒取人丹時看到他在流淚，我心腸軟了，馬上說算了，取出電工刀鋸開頭頂上五層的紙箱，鋸開一層，雪梨滾落下來，再鋸開一層，雪梨又滾落下來，我們爬到貨物的上方。這裡的空間只有五十公分高左右，當時是下午二時左右，太陽直曬車頂，熱得像烤箱一樣，我們全身上下都被汗水濕透。跳下火車後才知道火車停住的地方是東莞樟木頭站外。我取出鞋裡藏的錢和糧票買東西吃，錢和糧票都給汗浸濕了，吃完飯後坐火車回廣州。同學趕往大德路省中醫醫院看急診，醫生把脈問他是不是幾天無吃飯，人極度虛脫，肛門下垂來一公分半。

另一次，"鐵路仔"提供了一個有供港貨物車卡的號碼，我們用盡力氣也無法撬開這個車卡的窗門，我們逐個車卡打開車頂的透氣孔用電筒照射，看其它車廂有無出口貨物，這種搜索俗稱"摸盲拐"。看到一個車卡的貨物有"鸚鵡牌白水泥、中華人民共和國上海製造"的字樣，我們判斷這批貨是到香港的，於是設法撬開車窗，鑽了進去躲起來。三個人躲在白水泥下 50 多小時，可憐我們只帶了一天的水，早就喝光，口幹得無法咽下餅乾，必須找到水，否則未過邊界已經渴死。早上六、七點鐘，三毛推開頭頂上的白水泥到鑽到外面偷水，看到了廣州鐵路南站的告示牌，原來火車到了廣州黃沙南站，車站與碼頭是一體的，貨物是準備裝船出口外國的，有幾個搬運工人在其他的貨卡卸貨（回家後聽市二運做司機的鄰居說早上八點就會有持槍員警值勤）。三毛趕緊回來呼喚，我們三個人連滾帶爬鑽出來，爬上圍牆逃走。原來下面的馬路就是黃沙大馬路，對面的馬路就是叢桂路，穿過叢桂路就到了第十甫，陶陶居茶樓就在路口附近，我們三個人進去飲茶吃點心，同枱的茶客問我們做什麼工作的，我們回答做搬運工。原來白水泥將我們的頭髮都變成了怒髮衝冠，整個人有如白毛怪物，全身缺水，皮膚都乾癟了。

另一次也是撬不開目標車廂的窗門，我們只得撬開了另一個車廂的窗門躲了進去，打算火車一停就再想辦法回郴州，怎知道火車一停下就有梯子靠在車窗旁，並有人用撬棒插入試圖撬開窗門，我們連忙用撬棍架在窗門與窗框之間，拼命抵住，他們一時打不開。我們聽到他們在講普通話，應該是軍人，看來是對上的車站發現幾個人在火車頂上游動，通知他們檢查，如果車門給打開了又當一板被捉。可能列車停靠時間到了，他們放棄了打開車窗的努力，火車開動。下一站停下後，我們跳下火車搭順風車回到了郴州。還有一次行動亦是失敗，自行放棄並折返，所幸都沒有被抓而躲過牢獄之災。

三、楊載興之死

下麵我要說的是鄰居楊載興之死，他是在到達香港地段跳車時被撞身亡的。

　　1980年二月，我家一牆之隔從小一起長大的的鄰居楊載興，和我二姐夫等四個人在湖南郴州爬上往香港的火車。列車過了邊界後，他們在旺角火車站附近跳火車，楊載興與一位同伴先跳下去了，我二姐夫和一個同伴想跳火車時，火車已經進了隧道，只得等一等，列車出了隧道就在何文田停了下來，他們趕緊下了火車。我二姐夫兩人在一間房子敲門尋求幫助，開門的女人說這裡是員警宿舍，要他們快點離開。他們馬上離開坐的士到了我落腳的鳳凰新邨鳳德道安利大廈，在旁邊的的士多打電話給我，我下去接了他們，第二天帶他們去金鐘道人民入境事務處領身分證。在此之後一個月都沒有楊載興兩人的消息，如果返解廣州也應該有消息了。我想起來，我二姐夫到港的第二天，我曾經在《東方日報》看到新聞說，北上火車的乘客在旺角火車站看到有人受傷倒在隧道口的鐵軌旁。我去旺角差館詢問，坐堂幫辦翻出當時的檔案給我認屍體相片，我一下就認出是楊載興，他被火車壓斷了一手一腳，頭髮全剃光了，一道大裂縫在頭上，他到醫院三天後死亡。我再找了幾個人前去差館認相片，確認是楊載興無疑。楊載興是廣州赴海南島的知青，已經回廣州工作。旺角差館出證明讓我去殯葬管理處辦理了楊載興的死亡証，並且查到了下葬地點在羅湖火車站附近的中英界河旁的墳場，該墳場是專們埋葬偷渡客的。我們查到楊載興葬在沙嶺政府墳場"丁"段丁80274號墓穴，墳場工作人員說每天都有很多偷渡客的屍體送來埋葬。我們拜奠完後到他出事的隧道口，撿到他的一隻鞋，裡面有人民幣和全國通用糧票，第三條枕木還有一灘血跡，他如跳火車早一秒就成功了。楊載興在美國的二哥知悉後，寄來一筆錢，我用這筆錢在青松觀幫他立了一個牌位。七年後，楊載興的親屬將楊載興的遺骸起出來火化了，我二弟將骨灰帶回去廣州交給他的家人，我想，像他這樣能歸家的死難偷渡者不多的吧？與楊載興一起跳車的還有一人，身受重傷，在香港醫院頭部補了一塊骨頭，治療後返解回廣州，住在廣州大南路，終身躺在床上。

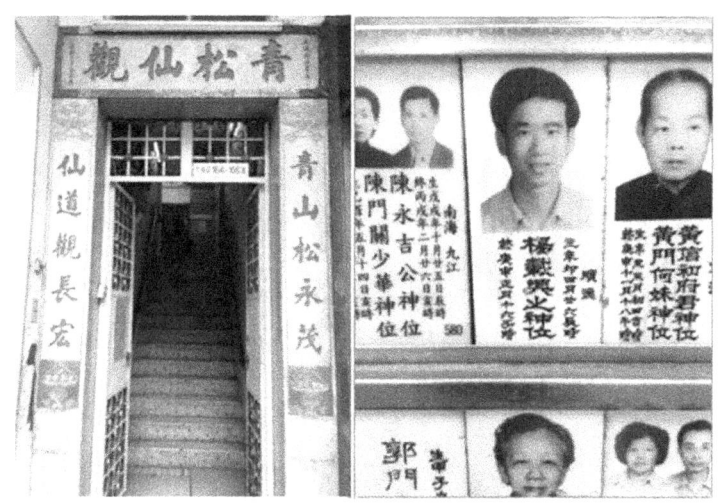

2019年5月2日，偉強回港參加香港辛友拜祭偷渡死難者活動，再次到青松觀拜祭楊載興

四、我家族的逃離史

我二姐夫比我晚兩個月扒"火龍"抵港，也算是"死生有命"，他若早幾秒鐘跳火車，那麼死掉的將是他而不是楊載興，由於他晚跳了幾秒鐘，於是就逃過劫難，列車在何文田是屬於臨時停車，等候進紅磡站，紅磡站是終點站，有很多員警把守，在紅磡下車必然被捉。我二姐夫好運氣，在何文田連忙下車走人，鬼使神差，免了跳車這一步，還逃過了被抓的命運。二姐夫在1982年7月，與我一道在貨船艙底躲藏24日，成功偷渡美國，他因有廚師技藝，順利辦好了技術移民，將我二姐及外甥申請到了美國。

1980年一月，也就是我抵港後一個月，我二弟與朋友亦"火龍"到達香港，我大弟及三毛去中文大學附近接他們，我見到他們時，只見得二弟的同伴血流披面，額頭和下巴裂開受傷流了很多血，我幫他們用雙氧水消毒傷口包紮好後，第二天帶他們去金鐘道人民入境事務處領"行街紙"。而與二弟同行的另外兩人則被員警抓獲返解大陸。

我大弟是1974年到港的，他算是我家族最早逃離的。

兄弟姐妹中，就數我大姐最苦命了，她在1965年初中畢業，當時的大姐也相當"革命化"，她是偷了戶口名簿將戶口先遷了，父母這才知道。當時到處宣揚"到祖國最需要的地方去"，她響應號召去了農場務農。要說她當初有多"革命"，只要提一件事就可以了：她沒有辦法得到"毛語錄"，竟然借他人手中的來抄了一本。

現實教訓了大姐，故土絕無前途，她決心"起錨"逃離。大姐是鐵了心，從1975年起就決定，不到香港就"不相睇，不結婚"（"相睇"是粵語，相親的意思）。她買到了一份"硬邊"——此處要費點時間來解釋何謂"硬邊"了。早期的邊境地區居民的"臨時邊防證"，是一種紙質證明貼上照片的，俗稱"臨邊"，該種邊防證初之時是蓋紅印章的，後來改成打鋼印，還是容易被人揭去照片置換。後來當局推出硬質邊防證，正反兩面過塑，四周熱壓成型。這種邊防證俗稱"硬邊"，要造假顯然難多了，但是只要有需求，一樣難不倒人。偷渡者買到這種"硬邊"後，用刮鬍刀劃開壓邊，小心揭去原照片，貼上自己的照片。當然，照片還要經技術處理，就是用圓形硬物壓出鋼印的輪廓，還要用小螺絲批壓出"邊防證"的大概字形，還原是不可能的，但求形似而已，最後用萬能膠水粘，又或者熱壓回去。自然，買這種邊防證姓名地址可以不論，但性別要對得上，年齡要相近的才行。

大姐用這種邊防證到達了深圳，第一件事是將"硬邊"夾在書中，到郵局寄回廣州家中，萬一此次失手，下次還能再用。

大姐的運氣差到極，四次"起錨"，都是到海邊或者臨近海邊時被抓。第一、二次被抓後，大姐被層層轉解回到廣州，拘留所的苦痛是免不了的。第三次被抓，被送到廣州麻袋廠強制勞動，那時的廣州人都知道廣州麻袋廠"學習班"專門收留小偷盜賊妓女之類的人。

半年之後，大姐從麻袋廠的"學習班"逃跑出來，馬不停蹄第四次"督卒"，駐麻袋廠的公安人員上門追問大姐的下落，要捉拿她歸案。這次偷渡，大姐再一次失手被抓，我們家這次卻提早獲得了大姐失敗的消息，這是因為我們意外地收到大姐的一封信，信是寫在一張紙片上的。大姐信中說自己這次被抓回來，肯定要被判刑勞改，信紙的上方寫有我家地址，並寫著麻煩過路的好心人撿到這封信後幫忙寄到這個地址。大姐後來說，她在"格仔"（收容所牢房）寫好信，在轉解途中，在車上看到一個男人踩單車跟在汽車後面，她將紙片丟下汽車，看到那個男的將紙片撿了起來，那個男人後來將信紙裝入信封，按照信中所示寫上我家地址貼上郵票寄到我家。

收到信後完全沒有她的消息半年，也不知她到了哪裡，我母親每天哭泣，半年後的一天我母親的工廠領導找我母親去辦公室，問我母親你不是有個大女兒，叫什麼名字，現在在什麼地方，我母親說出我大姐名字，說失蹤半年了，估計工廠領導也知道情況，但他們無人性也沒有對我母親講我大姐在那裡，過了一段時間家裡才知道我大姐在始興縣收容站。

原來，我大姐這次被抓，是"報流"（偷渡俗語，報假姓名假地址）去了粵北始興縣。因為她估計到自己是多次偷渡，被抓回去免不了勞教，於是在報上個人資訊時，將自己報到粵北始興縣，因為粵北偷渡者較少，遣送回去一般很快被放出來，但大姐這次卻過不了關。

大姐在始興縣被關押半年，不說出真實身份就不放人，無奈之下大姐終於屈服，被送回廣州，經黃華看守所收押再被判"勞教"兩年，送到三水縣的勞教農場。我到過廣州黃華看守所給大姐送衣物，報上名字收下衣物，也沒有見到面，後來又陪母親到三水勞教場探望大姐，心情沉重，內心刻骨的痛。大姐因偷渡總共被囚禁三年半有多。1979年12月我偷渡去到香港時她還未放出來。

我大姐勞教出來後，給已在香港的我寫信說要偷渡，此時已經是1980年年底，我主要擔心大姐即使到了香港，也無法獲得身份，如果返解大陸，會加重判刑。我馬上去海運大廈打電報給她，說"不發身份證了不要來"，我以為她會知難卻步，但歷經磨難的大姐去意堅决，不惜拼命一搏。直到她和拍檔從我們住的大廈旁邊的士多打電話給我，說到了香港，就在大廈下面，我連忙下樓去接了她上來。

我在1979年耶誕節"火龍"到達香港，大姐于1980年耶誕節亦是"火龍"到達香港，剛好在我抵港一年之後的當天。我到香港後很快就取得"行街紙"，大姐卻沒有這種運氣，香港政府於1980年10月23日取消了"抵壘政策"，即是所有到達市區的偷渡者都不獲合法居留權。大姐出發的時候香港政府對偷渡者實行"即捕即解"政策已經兩個月，大概也是因為如此，中、英雙方放鬆了邊境管理。大姐與一位女伴在湖南"鐵路仔"建財的朋友的幫助下上了貨車，在一天的傍晚時分到達香港紅磡總站，往日如臨大敵的紅磡總站此時卻鬆鬆垮垮，大姐與同伴居然還得到一位男士的指點出了車站，打車來到我處。

歷盡千辛萬苦，大姐于1980年12月25日"火龍"到達香港，照片攝於1980年12月26日。

大姐到港這一年，因為無身份，左藏右躲，惶惶不可終日。我立即伸出援手，庇護這位既堅強又苦命的大姐。我到港不久，收入微薄，卻願意這份付出，親情是無價的。大姐沒有身份，只能打黑工，做酒樓洗碗工等"下欄"工作。這樣終究不是長遠辦法，我想盡辦法撲路，找去外國的門路，澳洲、巴拿馬都曾經想過了。後來卒之找到了一條偷渡去美國的路，左騰右借，湊足不菲的資金，將大姐送上去美國的貨櫃船，大姐藏艙底於 1981 年 12 月到達美國，幾年後大姐獲得了美國綠卡，人生終於得到解脫。

想不到大姐上船後一個星期，我卻遭受了一場無妄之災，原因和經過如下。與大姐一同到埠的一位女卒友，因"非法入境"被拘，她供出了我大姐的電話號碼。香港人民入境事務處根據電話號碼查出了我的地址，於是來抓她，我剛剛將大姐的假身份證塞入板縫，入境處的人就闖了進來，好險！單單擁有假身份證一項就可入我罪。好在我大姐已經落咗船在去美國的途中，抓不到我大姐，就將我帶去香港李寶椿大廈人民入境事務處調查科訊問，要我供出大姐的下落。那個傢伙將我的雙手用手銬反鎖在椅子的鐵通上，拿根木棍威嚇我，講一天要打我三次，打到我供出大姐下落為止。我對他講，在香港打人是犯法的，你如果敢動手，72 小時你就要放我出去，到時我一定去投訴你，你敢動手打我一下，我唔返轉頭搵你我就唔係人（我不回頭找你算帳，我就不是人），我條命值錢還是你值錢？我們偷渡來港的人爛命一條。那個傢伙講你敢威嚇阿 Sir？口中雖這樣講，卻是一下都不敢打我了，只是用力將手銬扣緊。我講你如果不放鬆手銬，我出去後投訴你變相用刑，他才放鬆了手銬。我雙手腕上深陷進去的手銬印差不多二十天才平復。後來因無證據，大半天後放了我，只是扣留了我的香港旅遊證件，一個月後還給了我，回想過去像做了一場場惡夢。我之所以如此大膽頂入境處的人，一來大姐已經在去美國的船上，我心中有底氣；二來畢竟此處是香港，我來港已經兩年多，耳濡目染，對香港的法治多少都知道一些。假如在"祖國"強大的"無產階級專政"鐵砂掌中，我敢嗎？

我之所以識得走"火龍""督卒"之路，完全是因為第一次偷渡被抓後，在派潭做苦工時結識廣州"鐵路仔"三毛，從而又結識更多的湖南"鐵路仔"，偷渡路上同舟共濟，他們到港後因人脈、語言之故，生存更為艱難，此時我與兄弟力所能及地給與幫助，特別是有位叫"建財"的湖南"鐵路仔"，感恩於我們的不離不棄，叫他湖南的朋友大力幫助我們，使我二姐夫、大姐得以順利抵港，正所謂天道酬善吧。

五、我為什麼選擇逃離

我父親 1954 年和朋友合股了一間小工廠，一九五六年的所謂的"生產資料所有制的社會主義改造"運動，將工廠搶去了，當時還要被搶者敲鑼打鼓戴大紅花慶祝"公私合營"。開始時對資本家保証，工資保到老，職位保到老，給資本家的資本付定息20年，這就是所謂的對民族資本家的贖買政策，開始時我父親還有幹部當，每年都要出差到上海采購原料。哪知政策越來越變，文革前夕，工廠党書記要我父親寫申請書"自願"不當幹部，將他的幹部名額讓給了其他人，還將他調到高溫車間做生產工人。所謂的定息也只領了 10 年，文革一來就沒有了，所以我父親生前經常講共產黨冇信用。我父親因是資本家身份，被送去菁箕窩水庫勞動改造，水庫搶險時受涼感染，變成慢性支氣管炎，再變成嚴重的肺氣腫，鬆弛的左肺將左胸頂出變成桶形胸，壓迫心臟變成肺源性心臟病，經常感染發高燒，肺泡穿孔形成氣胸，要在前胸脅骨間穿刺插入膠管，另一端插入裝了半瓶水的玻璃瓶放氣，俗話說"頂心頂肺"，膠管頂到肺部十分痛苦，父親不停呻吟。如此狀況還要上臺接受批鬥，貧病交迫加上批鬥侮辱，身體狀況迅速惡化，氣喘無法躺下睡覺，我釘了個木架讓他靠在架子上睡覺。生不如死，62歲就去世了。父親每個月的工資從文革前 121 元變成 28 元，我進廠前我父親每個月都為家裡的開支頭痛，我代父親去大東門廣州工商聯借錢，大門都不讓我進，只能在門外登記，去了幾次才借了 10 元。我剛參加工作時月收入 20 元，都要給家用 10 元。家裡的豬肉票布票都無錢買物，家中棉被破爛像漁網一樣。我們兄弟姐妹幾人，還要背負"資產階級家庭出身"的重壓，低頭做人。

我是廣州 99 中（即文革前的永漢中學）69 屆初中畢業生，時因患肝炎留校至 70 年，70 屆學生全部留城分配工作，我被分配到機械三廠開磨床。當時，絕大部分青年學生都要"上山下鄉"，能留城的被稱作"幸運兒"，比起被趕到農村的來要好多了，當時我心滿意足，見到社會上的偷渡潮，我也沒有過多動心。

直到大弟于 1979 年年初從香港回到廣州，一件事直接刺激了我，讓我下決心非逃離不可。

大弟在 1974 年偷渡去了香港，到了 1979 年，當局政策開始有了鬆動，不認為他們是"叛國投敵"了，只屬於"非法探親"，允許這部分人回來探望親人。我大弟帶回了令四鄰豔羨的彩色電視機，再看街坊中的偷渡客，也帶回了大包小包的香港貨。我大弟臨走一晚，請全家到文昌路口的"廣州酒家"團聚，吃了一餐飯，花費四百多元。我一下子如遭雷擊，整個人蒙住了，我參加工作九年，不抽煙不喝酒，手中只積得三百多元，照這樣子下去，我一世人只能賺幾餐飯錢？

我一定要走，死也要到香港去！

六、偷渡去美國

剛到香港時的第一份工作是在長沙灣地鐵工程做地盤工人，工作時先進入一個打橫的大圓鐵桶，後加入氣壓，至一定時間再打開下面的一個鐵蓋，抓住鐵梯扶手爬下幾層，在下面的工作面挖泥、釘範本、灌混凝土，混凝土硬結後拆範本。工作面在地下幾十米，空間密閉,是高壓狀態(為防地下水滲出),空氣極度悶熱,每個人都是脫剩一條內褲。收工後爬鐵梯後坐在大鐵桶裡減壓三個鐘頭,才能出地面。當時一天的工資是190元,而外面的工作才30元左右一天。收入雖然高,但我怕有命搵錢而冇命享用,過一段時間後辭工做走鬼小販,剛開始時是在黃大仙附近的街市賣棉質內褲,推著車逐個街市賣,後來在女人街走鬼賣電子表,夏天賣T恤,春節前賣皮帶,天氣冷賣軍褸。

被抓過二次上法庭罰錢,罪名是"阻街",如果被抓時不配合就會告多一條罪"無牌",每條罪名罰錢90元,開工時身上要帶500元,被抓後500元自己擔保自己。上到法庭法官問認唔認罪,認罪後到窗口取回被罰後剩餘的錢,我好彩每次都是告阻街一條罪名,兩次都是罰款90元港幣,權當交稅給香港政府啦。有一次上庭看到一個無錢擔保自己被關了一星期的小販,法官宣佈由於那個小販被關了一個星期,免除罰錢,當庭釋放。

偉強在家裝嵌電子手錶,到表殼工廠買表殼、表帶工廠買表帶,電子公司買表肉(芯),到絲印工場訂表面,裝嵌好電子手錶拿出去賣。

這種無牌小販的"走鬼"生涯,雖能勉強保住溫飽,始終不是長久之計。我將目光投向美國,並得到朋友的應允作生活擔保。1980年上半年我去香港半山區的"明愛中心"申請難民身份去美國,後獲通知去美國領事館填了表格按了指紋，1981年美國領事館再通知我去問話。領事館官員對我說現時美國已經取消第七類移民（難民），問我美國有沒有親屬可以幫我轉辦親屬移民，我說美國只有朋友沒有親戚，領事館官員說那就不能辦理移民了。

無奈了，只能走"屈蛇"的路子了，所謂"屈蛇"，取偷渡者捲曲著身體躲藏在船艙角落的形狀，與蛇體盤卷的形狀相似之意，有不少偷渡到澳門的人也用這種方式偷渡到香港。我經人搭路，講好價錢，再次走上了"偷渡"之路。1982年6月26日下午，我與二姐夫等幾個人在大角咀碼頭花200元港幣雇了一隻機動木船，開到了葵涌附近海域，從沿梯爬上了貨櫃船。一個船員將我們帶到他的房間，等到半夜時帶著我們往船底走去的時候，船員發現了他的一個同事站在上一層的甲板上看著我們。船員說要取消行程了，因為他與這個同事合不來，怕其壞事。他用手電筒打信號想找附近的船家送我們回岸，但是附近沒有船家回應，船員問你們敢不敢博一博，我們回答博一博就搏一搏。他將我們帶到船底，再兜兜轉轉，爬上一個靠著船殼死角的閣樓躲了起來。他說船的下一個停靠的碼頭是台灣基隆港，會有海關人員下來檢查，但只要過了這一關，就有可能成功到達美國，因為接下來的兩個日本港口再沒有人下來檢查了。在基隆港停靠時我發現一個裝小便的塑膠袋破了，尿液從閣樓流了下去艙底，我趕緊爬下去，脫了底褲將尿液擦乾淨。一個小時後就有海關人員下來檢查，手電筒的燈光從我們躲的地方外面射過，幸虧沒有爬上來檢查。船離開基隆港後，船員將我們帶到上一層的有艙門的船倉裡，每天晚上船員煮一鍋飯帶下來，還有麵包香蕉蘋果，走的時候將我們的大小便帶走丟到大海。到了日本的二個港口由於貨輪需要修理，船停泊了幾天，經過靠近蘇聯的地方時非常冷，船員發給我們蔴袋禦寒，牙齒上下打戰。快到美國時海浪非常大，後來到了洛杉磯長堤碼頭外面等候泊位時，艙門被主管關閉，四十多個小時沒有食物飲水送下來，餓到想嘔吐，沒有東西下肚還要拉肚子，一天拉了四次，從此落下了拉肚子的毛病幾拾年。

　　船到美國海岸，因等候泊位又在海中停留幾天，1982年7月19日，船員帶著我們沿著跳板上了岸，一個越南人將我們搭載到他的家，輪流洗澡，24天了才得以洗澡，浴缸水邊全黑了，擦面的時候嘴附近的老泥跑到嘴邊，重新再洗一次。洗完澡每人一小碗麵，吃完麵後將我們帶到機場坐飛機，當時坐飛機不用證件，在飛機上肚子還是很餓，想問空中小姐要吃的又不懂英語，在香港買過熱狗，一手指著嘴巴，一手摸著肚子，嘴上講 Hot dog Hot dog，空中小姐明白我們肚子餓了，拿了很多小包的脆脆的零食給我們吃，後來轉機後就有飛機餐吃了。

2015年5月28拍攝於美國洛杉磯長堤碼頭，偉強1982年7月19日凌晨在這個碼頭上岸進入美國的。

七、感恩美國

　　來到美國后，不懂英文，我只認識ABCDL五個英文字母，文革讓我們喪失了受教育的機會。我先在馬裡蘭州的東坡酒樓做洗碗工，专收碗碟，後來到鄉下地方的小餐館做爐尾、炒鍋。在底層打拼，只能做最下欄的工作，冇辦法，老番叫我拿個煙灰缸過來我都聽不懂。之後到電影院收門票、放電影。幾年之後獲得身份了，就到賭場做"荷官"（發牌），為了增加收入，白天幫人搞裝修，晚上在賭城發牌，打兩份工，辛苦是辛苦，可是這裡沒有階級鬥爭，沒有"家庭成分"，更不會有什麼"分子"的帽子戴，只要安分守己工作，溫飽不愁，做到安居樂業。

做工時認識了在餐館工作的老婆，結婚組家庭。結婚後，老婆懷孕時申請低收入生產，包括產前檢查、剖腹產只收九百元，每星期還供應二打雞蛋、二加侖牛奶、二罐橙汁直至生產，為了下一代健康，政府要我也作全身檢查，查出結核桿菌陽性反應，免費吃藥半年，每月檢驗照肺，全部免費。

1982年8月16日，踏上美國土地不足一個月的偉強。

偉強在美國的家

我老婆在家帶孩子，有一天我接到電話說小孩發燒送DC兒童醫院，我由工作的餐館趕到醫院，醫院的員工和醫生見到我滿身油污，又無醫療保險，全無歧視之意，反而叫我們放心，他們會和有保險的一樣治療。孩子住了四天醫院，出院後免掉了大部分費用，只收三仟元，我後來分期付款還清了三仟元，之後醫院的社工人員幫我們申請了全家半年的免費醫療。由於政府幫助我家渡過了最需要幫助的時期，我從心裡感謝美國這個偉大的國家，美國政府真正是人民的政府。

偉強在美國做起"知青"，這是他家果菜園的收穫

我到香港和美國也是正派做人，嫖、賭、飲、蕩、吹一樣都不沾，因為這麼艱難險阻才能到達香港和美國，自甘墮落對唔住父母，有些卒友不珍惜來之不易的今天，令人歎息。

我們華人重視教育，第二代就完全融入社會，我 1982 年坐船底偷渡到美國，手無分文，幾十年的奮鬥，打拼出幾幢房子。兩個女兒讀的都是私立大學，大女兒在紐約 NYU 畢業，四年後又在波士頓塔虎大學碩士畢業，同一天小女兒也在波士頓 U 大學畢業。望著女兒在臺上接受校長頒發畢業證書時，我眼淚都流出來了，回想自己在中國，在"文化大革命"中只上了幾個月的名義上的中學。父親是"資本家"，一家賤民，低人一等，今天兩個女兒竟然得到這麼好的教育，怎不令我潸然落淚呢?

這張照片是在大女兒的碩士畢業禮上我取我女兒的帽子照的，小女兒那天是大學畢業即學士學位。

我在 1988 年底入美國藉後，馬上申請我母親來美國，我母親 1989 年下半年來到美國。當初假如不是她對我說："你趕緊走吧，你一世的前途要緊，送不送終無關係！"我不會有今天，母親偉大的母愛，改變了我一生，也改變了我整個家族的命運。我出來後銘記母親的恩德，勤奮正當做人，照顧兄弟姊妹，母親為兒女受盡了磨難，我終身銘感。

我母親來到美國後，沒有住老人院，和我一起生活。她在廣州的退休金才幾十元人民幣，她來了美國幾個月後，去了賭場做清潔工，工作三年後不再做工了。美國做子女沒有瞻養父母的責任，她不做工就沒有了收入，申請了政府的 SSI（即低收入或沒有收入）的福利，當時每月有六百多美金，每月 1 日就自動打錢進她的銀行帳戶，每個月還有一百多元的食物卷購買食物，另有免費的醫療保險、藥物保險，由於她沒有申請老人公寓或老人院，而和我一起住，政府還給她發住房津貼。母親來美國五年後胰臟癌住進醫院，因為發現時已經是晚期無藥可治，政府送電動病床等醫院設施送到我家，每天有護士上門吊營養液抽血等照護，情況嚴重時叫救護車送醫院住十天八天，病情緩和又回家，如是者多次。因為住院一天按道理要一萬美元以上的費用，最後那次送院病逝在醫院，在醫院我看著她咽下最後一口氣，我送到她的終，盡了孝道。幾年後，我將父親的骨灰帶到美國，與母親安葬在一起，讓他們在天國團聚。

我岳母79歲生日那天，我和我老婆開車四個小時去我大舅家給她過生日，我對老婆講：我們做人父母，也做人兒女，接你母親回我們家一起住吧。於是將我岳母帶回新澤西的家，一年多後老人患癡呆症，連廁所都忘了在那裡，隨便小便，一張開眼睛就大聲叫"有沒有人呀有沒有人呀"我們根本沒法睡覺。在醫院給醫生講我們夫妻要上班沒法照顧她，醫院的社工人員和我們面談後，直接用救護車送往老人院，住了差不多十年，直至去世。岳母年輕時抽煙，肺很差，與我們同住時製氧機裝在床邊，另有手推微型氧氣瓶可攜帶外出看病活動，住老人院時經常肺部感染要轉送醫院住院治療，我們去探望時，看到醫院另外請了護理員，二十四小時看住我外母不讓她扯醫療管線，因為我外母戴著特別手套都無用。我外母在上海時是家庭主婦，五十多歲來到美國後沒有做過工，幫兒子的忙照顧孫女，65歲後開始領取福利直到90歲去世，花了美國政府不知道多少錢。

我母親和我岳母生病和我岳母住老人院，所有費用由美國政府支付，我們做兒女沒有花一分錢。

前面說到，我的二姐夫跟我一起坐船底一齊偷渡美國，請律師辦理美國缺乏的技術人員（中國廚師）移民，取得移民簽證後，我二姐和外甥一齊移民美國。

我二弟和兩個妹妹我申請他們以公民兄弟姊妹類別申請，經十年輪候，2000年七、八月份三個家庭九個人同時來美國。

我的整個家族都生活在美國,可以告慰父母在天之靈了。

美國,在我落難的時候庇護了我,在我有危難的時候救助了我,給我溫飽,給了我人生進取的空間,給了我免于恐懼的自由。美國以它的博大和寬宏,容納了我,容納了我親愛的母親,容納了我的家族。當初拼死一搏的"火龍"之路,使我擺脫了屈辱與苦難,有一句名言:哪裡有自由那裡便是我的祖國,我熱愛美國,我感恩美國!美國,就是我的祖國!

美國"農夫"偉強

後　記

　　中國的文化大革命之後，所謂的知識青年上山下鄉運動，從 1968 年 12 月人民日報發表"知識青年到農村去，接受貧下中農再教育，很有必要"社論至 1974 年為止，根據香港人民入境事務處的統計，成功偷渡進入香港境內並且申請居留的人數是 79,083，這期間當中大部份是青年學生。由於學生偷渡的路途險惡，軍人、民兵的追捕和無情射殺，鯊魚肆虐的海域和南方天氣變幻無常等因素造成的死亡率相當高。加上逃亡途中被抓獲的人算起來，當年加入粵港澳逃亡大潮的青年學生是數以十萬計的。

　　書中所描述的幾個真實故事，其中主人翁有不少是同一所中學的同學，這所中學的其中一個班級有 52 人，成功偷渡到香港的有 9 人，偷渡失敗的有 4-5 人，占班級總人數 25%以上。

　　文革時期，除了知識青年之外，還有不少被迫害的高級知識份子外逃，最著名的就是音樂家馬思聰夫婦了，他們的外逃震驚中外。

　　然而，在中國大陸和香港、澳門接壤的邊境上，這並不是規模最大最慘烈的一次逃亡潮。自從 1949 年中華人民共和國建政之後就不斷地發生著一波又一波的逃亡潮，其中有另外三波規模更大的逃亡潮匯演成為世界上和平年代歷史的最大規模的人民逃亡潮之一：除了上述 1968-74 這一波之外，其餘三次分別發生在 1949-1957 年、1059-1962 年和 1978-1980 年。

　　1949 至 1957 年的第一波逃亡潮可以說是國共內戰之後的改朝換代的必然事件，有上百萬難民湧港或經過香港再到台灣或者西方國家去，包括時年 32 歲的著名作家張愛玲、著名歷史學家余英時、文學評論家夏志清和後來的台灣民選總統馬英九的父母，皆為前朝孤臣孽子，倉皇辭廟者。稍後中國仿效蘇聯逆潮流而治國，期間有人為了一己私欲夢想當第三世界盟主，罔顧蒼生，對外慷慨捐輸，對內倒行逆施，造成1960年代中國因為荒唐的大躍進、三面紅旗之後隨之而來的大饑荒。中國南方以及各省人民為了溫飽和自由攜老扶幼像潮水般衝破關卡湧向香港，人數達到30-50萬之多。這一波的飢民主要是直接從深圳梧桐山翻過去，跨過羅湖、沙頭角的鐵絲網徒步走到香港新界地區。因為地緣關係，逃亡到港的非法入境者很多都是香港居民的親人，起初香港政府對大批非法入境者湧進來，措手不及，不知所措，把他們擋在新界區域不讓進城，導致發生了震驚中外的港人華山救親的事件。稍後在1974年香港政府礙於世界輿論壓力，順應民意制定了所謂的"抵壘政策"。新規定只要非法入境者能夠成功抵達香港市區，就給予合法身份。這個階段正值香港的工商業起飛，包括1968年的下鄉知識青年在內的偷渡潮直至1980年，"抵壘政策"（Touch Base Policy）正好填補了大量勞工的需求，為香港經濟發展提供了莫大的動力。

1979年至1980年的一波也不遑多讓，逃亡人數也多達30多萬人，10年文革剛剛結束，這一階段的中國人因為大陸的文化大革命運動被摧殘得夠了，風聞英女皇大赦的傳言，吸引南方民眾趁機一搏湧向香港。

1978年文革結束，中國政府推行改革開放政策，政治環境逐步寬鬆，經濟快速發展，逃港者數量顯著下降。但是即使香港政府實行即捕即解政策，到90年代，每年也還是有數以萬計的大陸人非法偷渡到香港的。

綜觀這些大逃亡的事件，每一次都是歷史必需記載的大悲劇。無數人民冒著生命危險，或徒步翻山越嶺、涉水犯難、飢寒交迫，或投奔怒海、葬身魚腹，死傷不計其數。為的是什麼？孔夫子說的：苛政猛于虎也！

筆者希望為政者記住這些血的歷史事件，從中吸取教訓。

以下是從1945年至1997年各類機構統計的非法進入香港人數：

1945 – 1950：1,700,000（維基百科，從香港人口變化估算，含合法程序到香港者。）

1049 – 1952：　750,000.00（香港年報，鳳凰網）

1959 – 1963：　300,000 – 500,000（香港年報, Chat GDP）

1970 – 1974：　79,083（華僑日報）

1975：　8,250（香港入境事務署統計，下同）

1976：　8,054

1977：　8,361

1978：　28,100

1979：　192,766

1980：　150,089

1981：　9,221

1982：　11,160

1983：　7,604

1984：　12,743

1985：　16,010

1986：　20,539

1987：　26,707

1988：　20,808

1989：　15,841

1990：　27,826

1991：　25,422

1992：　35,645

1993：　37,517

1994：　31,521

1995：　26,824

1996：　23,180

1997：　17,819

***香港政府入境事務署的所謂非法進入香港的人數,應該是包含從其他國家或地區非法到香港的人,但是估計數目非常有限,可以忽略不計。

***中國官方"廣東省委邊防口岸領導小組辦公室"的統計,1954年到1980年,官方明文記載的"逃港"歷次事件累計人數也達56.5萬多人次。

***根據香港明報于1971年9月17日刊載前一天(亦即本書第一個真實故事的幾位偷渡者抵達香港的當天),當日偷渡入香港境被拘捕的人數為45人,如此類推粗略計算平均每年為16,425人,這段時間大概率以下鄉青年為偷渡者的主體,1968–1978十年間總人數為164,250人(如果以香港人民入境事務處的統計,1974–1999之間不計算1979和1980二年,平均每年非法入境人數為19,045人,略多于這個平均數10%)。而1979和1980二年的非法入境香港的人數爆增至342,855人,二者合計為507,105人。這數字僅為成功進入香港的偷渡者,假設保守計算偷渡半途在中國境內被捕的人為同樣的數字,那麼這段時間參與逃亡香港的人數超過百萬之眾!逃亡途中傷亡人數難以估算,假設以5%保守計算,也數以萬計。

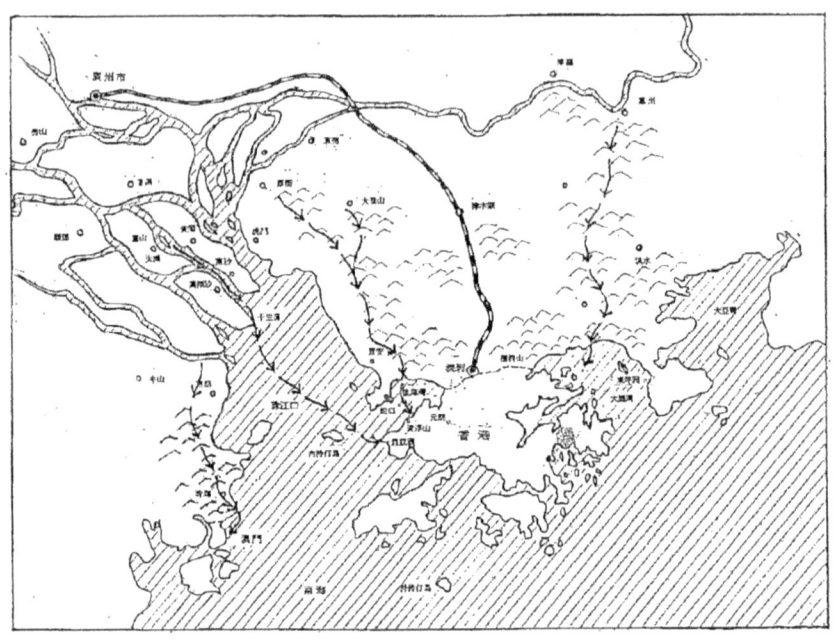

1966 – 1975 年代广东下乡青年偷渡香港的常见路线图

1) 东莞 – 宝安 – 后海湾 – 香港流浮山一带
2) 惠州，汕头 – 惠阳（淡水）- 宝安 – 大鹏湾 – 香港西贡一带（含东坪洲）
3) 珠江口附近县市（番禺，中山，东莞等）- 九龙，香港岛
4) 中山，珠海 – 澳门

人民日报

毛主席语录

一切可以到农村中去工作的这样的知识分子，应当高兴地到那里去。农村是一个广阔的天地，在那里是可以大有作为的。

毛主席最新指示

知识青年到农村去，接受贫下中农的再教育，很有必要。要说服城里干部和其他人，把自己初中、高中、大学毕业的子女，送到乡下去，来一个动员。各地农村的同志应当欢迎他们去。

全国城乡一片欢腾庆祝毛主席最新指示发表

亿万军民热烈响应毛主席伟大号召 掀起了知识青年到农村去的新高潮

广大革命群众敲锣打鼓，集会游行；各级革委会立即制订落实措施，大批知识青年兴高采烈地奔赴农村

香港明报 1971年9月17日报道

香港明報 1971 年 9 月 21 日报道

后海灣

大鵬灣

伶仃島

香港九龍爛角嘴（近流浮山）

香港元朗警署

塘朗山

www.ingramcontent.com/pod-product-compliance
Lightning Source LLC
Chambersburg PA
CBHW052140070526
44585CB00017B/1906